古典文獻研究輯刊

初編

潘美月・杜潔祥 主編

第32冊

《商周金文錄遺》考釋（下）

沈寶春 著

國家圖書館出版品預行編目資料

《商周金文錄遺》考釋(下)／沈寶春著-- 初版 -- 台北縣永和市：花木蘭文化工作坊，2005〔民94〕

目 3 + 286 面；19×26 公分（古典文獻研究輯刊 初編；第 32 冊）

ISBN：986-7128-20-6（精裝）

1. 金屬器物－文字－研究與考訂

793.2 94020430

ISBN 986-7128-20-6

9 789867 128201

古典文獻研究輯刊

初 編 第三二冊 ISBN：986-7128-20-6

《商周金文錄遺》考釋（下）

作 者 沈寶春
主 編 潘美月 杜潔祥
企劃出版 北京大學文化資源研究中心
出 版 花木蘭文化工作坊
發 行 所 花木蘭文化工作坊
發 行 人 高小娟
聯絡地址 台北縣永和市中正路五九五號七樓之三
電話：02-2923-1455／傳眞：02-2923-1452
電子信箱 sut81518@ms59.hinet.net
初 版 2005 年 12 月
定 價 初編 40 冊（精裝）新台幣 62,000 元

《商周金文錄遺》考釋（下）

沈寶春　著

目錄

上　冊

中　冊

下　冊

本册因分册原因此页为空白页

第五章　水器

夫燕息寢居，必有沃盥濯沐之器；而祭祀宴饗，常備盤匜之屬，所謂水器是也。本書所著錄之水器有盤、匜二類，其中盤收二十器銘，匜收四器銘。茲分述如後云。

第一節　盤

盤，盛水之器也。其形制，商則圜腹圈足侈口；周則增附耳，盤壁淺，圈足由高而低，後於圈外補三或四足，或有銜環。其銘文多在腹內，或在口上，或在脣與腹外。禮記、內則：「進盥，少者奉槃，長者奉水，請沃盥，盥卒，授巾。」鄭注：「槃承盥水者。」又國語、吳語：「一介嫡男奉槃匜以隨諸御」，韋注：「槃承盥器。」蓋用匜沃盥，而以盤承之也。殷商以迄于戰國，盤悉盛行不墜，迨漢則名為洗，或名為鋗。本書存盤銘凡二十。

479 ⊗盤

一、銘文：

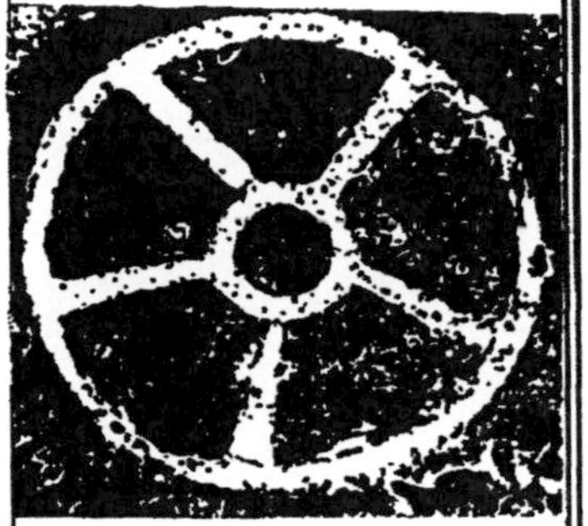

479

六、隸定：

輪、

三、考釋：

此盤乃輪方或輪氏所作之禮器。詳見本書二九⊛鼎考釋。

480 束盤

一、銘文：

480

二、隸定：

束

三、考釋：

此盤銘作「束」字，李孝定以其「从木，而以繩盤繞之，疑與

「束」字義近。」(註1) 按甲文束字作束(甲二二五·六)、束(鐵一九三)形，金文作束(不嬰簋 三代九·四八)、束(蔺簋 三代八·五十)、束(孟卣 三代十三·三八)、束(曶鼎 三代四·四五)、束(召伯簋 攈三之三·二五)、束(數簋 錄遺一六○)形，此銘近之，當亦釋為「束」字。吳大澂(註2)、楊樹達皆釋作「龜」，言象龜有頭尾四足之形(註3)。劉心源以其字象橫衺交束形(註4)。強運開則謂象束縛之形，釋束(註5)。高田忠周則謂以束薪為本義(註6)。高鴻縉以為橐形之動詞，謂橐必束也(註7)。羅振玉則主象束矢形(註8)。張日昇云：「(束)金文作束及束，前者象束橐兩耑之形；後者象橫衺交縛之形。」(註9) 其說兼采劉、高二氏之見，為持平之論。束字於卜辭為人名，辭云：「乙巳王貞，啓乎祝曰：盂方奴人，其出伐↓𠂤，高其令束途口，高弗每不曹戋。王乩曰：大口。」(註10) 本銘亦用為人名，乃束方或束氏所作之禮器。

四、註：

1. 參見金詁附錄(二)八五九頁。
2. 參見古籀補七十八頁。
3. 參見積微九十三頁盂卣再跋。
4. 參見奇觚卷二、二五頁曶鼎。
5. 參見古籀三補卷六、四頁。
6. 參見古籀篇八十七第二七頁。
7. 參見字例二篇二〇三頁。
8. 參見雪堂金石文字跋尾。

9、參見金詁卷六、三九五七頁。

10、參見甲文集釋第六、二一〇六頁。

481 葡盤

一、銘文：

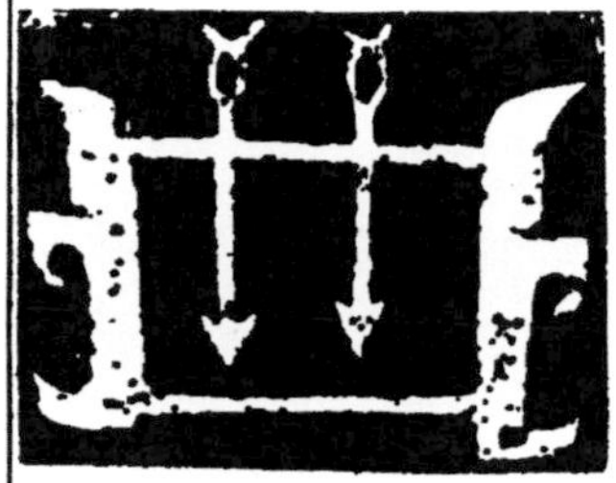

481

二、隸定：

箙

三、考釋：

此盤為箙方或箙氏所作之禮器，詳見本書三一葡鼎銘文考釋。

482 𣪘盤

一、銘文：

二、隸定：

𢾽．

三、考釋：

此銘又見亞卯爵（三代十五．三六）。李孝定釋「𢽾」（註1）。周法高釋「執」（註2）。于省吾釋作「𢾽」（註3）。字蓋从㚔从攴从川，說文所無。或以从攴乃古方名或姓氏繁文之例，當與「㚔」字同，象手械之刑具。蓋㚔方或㚔氏所作之禮器，其於此為姓氏（註4）。其說可从。本銘蓋為「盩」之初文，而彝銘之盩方，殆即今陝西之盩屋（註5）。

四、註：

1. 參見金詁附錄(二)一〇三七頁．
2. 參見金詁附錄(二)一〇三七頁．
3. 參見錄遺目錄十七頁下．
4. 參見王永誠、先考五一頁．

482

5、參見漢書、地理志。

483 帚盤

一、銘文：

483

二、隸定：

帚女止．

三、考釋：

此器銘，于氏言其「二」字〈註1〉，容庚隸作「三」字〈註2〉，觀女子鼎〈三代、二、四十〉、彭女鼎〈三代、二、四〉、射女鼎〈三代二、三二〉、蘿女觶〈三代、十四、三八〉、魚女觚〈續殷下十〉、朕女觚〈錄遺三三四〉諸器之銘，知此「帚女」乃帚氏之女，止或其名。如以「䒨」合文，則於字書無徵。且帚於彝銘有作氏族或國名者，若帚爵〈三代、十五、三五〉、帚𣪘簋〈錄遺、一五一〉等銘，是此「帚女」義與「魚女」、「朕女」、「蘿女」、「彭女」、「射女」同。下文「止」字，甲文作ㄓ〈拾十五〉、ㄓ〈甲一、二八、十三〉、ㄓ〈乙、九〇七〇〉形，金文則實之。故孫詒讓曰：「綜考金文、甲文，疑古文ㄓ為足止，本象足跡而有三指，猶說文又字注云：『手之列多，略不過三』是也。金文足跡則實繪其形，甲文為ㄓ，則粗具匡郭。」〈註3〉而說文二上止部云

：「止，下基也，象艸木出有址，故以止為足。」許君蓋據已譌變成屮之篆文而說之，致失其本形本義。此器之「止」，殆作器者之名。觀左襄廿九年傳有「齊高止」，左哀六年傳有「齊闞止」，是古有以「止」為名之證。

四、註：

1. 參見錄遺目錄十七頁下。
2. 參見金文編七、三〇下。
3. 參見名原

一、銘文：

484

484 [?]戈盤

二、隸定：

墠戈。

三、考釋：

此器銘作「墠戈」二字，又見於[?]簋〈三代、六、一〉、[?]鼎〈三代、二、五二〉、戉[?]爵〈三代十五、三七〉、[?]爵〈三代、十五、三〉、[?]觶〈三代十四、三二〉諸器。阮元謂兩子夾單，單象斿上三辰形，即子執斿之義(註1)。方濬益則釋「干」，左右為二人相背之形，北之分文也(註2)。馬叙倫謂車、單、嘼為一字，𠂈即从也，與高田忠周(註3)同疑為「旅」之異文(註4)。丁山則云：「從二人隱避於Y後，以Y形言，應釋為單；以其義言，釋盾為宜，合而觀之，適符周官之司戈盾。」(註5)然「Y」既為「單」，當隸定為「北單」二字，李孝定謂：「卜辭有東單、西單、南單，均地名，惟未見北單，此所見之北單，其始當亦為地名，及後始衍為氏族之名。」(註6)考卜辭有西單(續.下.一六.六)、有東單(續存.下.九一七)、有南單(乙三七八七)是也；彝銘則有北單，乃謂單方之北。本銘為「北單」二字之合文。戈乃作器者之名。全銘為北單名戈者所作之盤彝。

四、著錄：

1. 鄴羽三下、八

五、註：

1. 參見積古卷一、二九頁好父辛彝。
2. 參見綴遺卷十六、十頁立戈單觚。
3. 參見古籀篇二十七第二三頁。
4. 參見刻詞三四－三五頁單彝。
5. 參見闕義六頁。
6. 參見金詁附錄(一)二五六頁。

485 鮽舌盤

一、銘文：

485

二、隸定：

◇鮽舌

三、考釋：

銘首「◇」字，似矛戟之形，惜其未識，从闕。「鮽」乃「俞」之古文。「舌」字，李孝定疑係「舌」字之異構（註1），觀甲文舌字作𠯑（前一·元·三）、𠯑（前·六·三四·五）、𠯑（後上·二四·十）、𠯑（續·五·七·三）形，而彝銘構形則與之同，若舌鼎（三代二·六）、舌觚（三代·十四·十七）、舌卣（青·十五）諸銘是也。孫詒讓疑為舌之變體（註2）。朱芳圃既收為「言」字（註3），又云：「字从𢆶（註4）从口，𢆶象火燃燒時火光四射之形，當為𤏬之初文，口為附加之形符。」（註5）余永梁承襲說文，主為「舌」字（註6）。吳其昌則謂為說文「餂」之本字（註7）。然于省吾言「舌字象錫物之殘靡」，並引山海經海外南經之歧舌國印證舌上歧出之象（註8）。說文言「舌，在口，所以言也，別味也。从干从口，干亦聲。」是銘舌字从甘不从口，或係一字。銘簡誼省，「鮽舌」或作器者用以自名。

四、註：

1. 參見金詁附錄(二)一〇〇九頁。
2. 參見舉例下十二頁下。
3. 參見文字編三卷二頁下。
4. 一作[illegible]、[illegible]，省作[illegible][illegible]。
5. 參見釋叢三十三—三十四頁、若。
6. 參見殷虛文字續考一，載國學論叢第一卷第四號。
7. 參見解詁六、續七五〇。
8. 參見駢續十六—十七頁。

一、銘文：

486 乍從彝盤

486

二、隸定：

乍從彝。

三、考釋：

此盤銘無作器者之名，或鬻買之器，虛以待名耳。「從彝」之稱，又見戉卣（三代、十三、二）、豦𢦏卣（三代、十三、十三）、豐簋（三代、六、二五）、𢀛簋（三代、六、二四）

諸器；外有「從鐘」(邾大宰鐘 三代一·十五)、「從盨」(芮公盨 三代七·三十)、「從壺」(芮公壺 三代十二·九)之稱，說文八上从部云：「從，隨行也。从辵从从，从亦聲。」彝銘「从」、「從」二字通用，為古今字，本象二人隨行之形。呂覽節喪云：「諸養生之具無不從者」，故從彝者，乃別於居器(註1)，而為隨行之常用彝器也。

四、註：

1.參見龔自珍、說宗彝，載龔自珍全集第四輯二六一頁。

487  父丁盤

一、銘文：

二、隸定：

羊羊、父丁。

三、考釋：

此盤銘于氏自注為四字(註2)；李孝定以銘首二文，乃「羊」、「羊」二字重文，下一文較簡耳(註3)，而隸定為三字。或以為字象蝸形(註3)。然上文「」圖羊頭之狀，曲角圈紋；下文約略其形，不亦

大簡乎？魯實先先生以⿱羊羊乃羊之複體，古方名有複體之例也〔註4〕。疑此盤銘殆羊族名羊者為其「父丁」而作之彝器。

四、著錄：

1.金文集(一)圖四四螭形父丁盤，十二頁；釋文六四頁。

五、註：

1.參見錄遺目錄十七頁下。

2.參見金詁附錄(一)五二二頁。

3.參見白川靜、金文集(一)六四頁。

4.參見說文正補五八頁⿱羊羊字條。

一、銘文：

488 ⿰岂光作父戊盤

488

二、隸定：

⿰岂光作父戊。

三、考釋：

此盤銘與本書二三五器之「⿰豈光」蓋同係一人所作之器，字从光从岂，「⿰岂光」、「⿰豈光」二字止省繁之別耳。此盤蓋⿰岂光氏或⿰岂光方為其父戊而作之禮器。

一、銘文：

489 乍父丁盤

489

二、隸定：

乍父丁寶𨌲彝，亞㠱矦。

三、考釋：

此盤銘「𨌲」字从㫃从車，省从，當與「旅」同，他若戠尊（三代十一、十七）、戠卣（三代十三、七）、家尊（三代十一、十六）、弔旅鼎（三代三、四）、酉卣（三代十三、五九）諸器之銘，皆从㫃从車，用與「旅」同。此盤銘亞中著㠱矦二字，當亦㠱國之器，乃㠱矦為其「父丁」所作之旅彝。

490 迭乍氒考盤

一、銘文：

490

二、隸定：

朙遙乍乎考寶噂彝。

三、考釋：

本盤與本書六七、遙鼎同為「朙遙」所作之器。「乎考」之「考」，見于甲文作□〈前二、二、六〉、□〈前四、四六、二〉、□〈後下三五、二〉、□〈甲編二四八七〉、□〈珠三九三〉形，金文考字一脈相襲，作□沈子簋〈三代九、三八〉、□師酉簋〈三代九、二二〉、□卿卣〈三代十三、二十〉、□考卣〈三代、十三、四十〉形，諸家或釋甲文之□為老，「象一老人戴髮傴僂扶杖形，乃老之初文」〈註1〉。而孫海波釋□〈後下三五、五〉為考〈註2〉，唯去金文形構殊遠，當以□為考字，象老者倚杖之形〈註3〉。說文八上老部云：「考，老也。从老省丂聲。」其丂聲蓋由人所持杖之丅譌變，由象形而譌成形聲，而□或□或□則象長髮之形，亦即為「黃髮垂髫」之黃髮，字象老者倚杖形，然隸作「老」字則非。字蓋用為祖考之「考」，爾雅、釋親：「父為考」，書、舜典：「如喪考妣」，釋文曰：「父曰考」，公羊隱元年傳：「隱之考也」，注：「生稱父，死稱考。」金文稱父稱考，亦或如公羊之說。此盤殆為朋方名遣者為其父所作之禮器。

四、著錄：

1. 金文集(一)圖一〇八、一〇九遣盤，二九頁；釋文六九頁。

(器)日本九十。

五、註：

1. 參見商承祚、類編八卷七頁上；又陳邦福、瑣言四頁上。
2. 參見文編卷八、十二頁。
3. 參見葉玉森、前釋二卷二頁下。

491 白矦父盤

一、銘文：

二、隸定：

白矦父塍弔嬀臩母盤，用旟釁壽，萬年用之。

三、考釋：

此盤蓋係白侯父為叔嬀臩母所作之塍器。「叔嬀」之「嬀」字，甲文未見，彝銘則从女从為作（陳伯元匜 三代十七・三五），或不从女作（陳子子匜 三代十七・三九）形。高田忠周言其用為人名，以為「嬀」字（註1），於形不類。未若吳式芬、徐同柏之釋「嬀」為然（註2），說文十二下女部云：「嬀，虞舜居嬀汭，因以為氏。从女為聲。」段注：「虞舜既姓姚，則嬀當為舜後之氏，姓統於上，氏別於下。」（註3）嬀既為舜後，又左昭八年傳：「陳胡公不淫，故周賜之姓，使祀虞帝。」注：「賜姓曰嬀。」嬀从女為聲。則本銘之「叔嬀」，或舜之後乎。「臩母」之「臩」字，諸家釋解紛歧，阮元釋為从夰臦，即說文「臩」，驚走也，一曰往來也之𦦔省廾也（註4）。強運開言為「𦦔」之古文，非則兩耳相對，耳有所聞，乃始驚走，形譌成臦也（註5）。孫詒讓則釋為「臩」之異文；从兩巨相背，大即矢之省（註6）。高田忠周則以「臩」、「輔」古今字，「非」蓋為面頰之象形，从大與从夫同，皆人體之象形，故為古文「輔」也（註7）。說悉無徵，字蓋从二耳相背从大，說文所無，本義未詳，「臩母」乃叔嬀之字也（註8）。初「塍」字，高田忠周以為从土朕聲，說文釋稻中畦之塍，乃田中作介畫，畜水以養禾也（註9）。此塍字叚為「賸」，商承祚云

：「金文初叚朕為之，又作賸、塍、媵、佚，誼同，皆从朕聲（佚从廾得聲）。媵以貝，則从貝；媵以士，則从士（古文士、土不別，媵从士非从土也）；媵以士女，則作媵媵；以人貝，則作儯，省舟則為佚，後分賸、塍、媵、佚為四，非初義矣。」（註10）說或可从。媵者，送也。蓋以古者嫁女，必以娣姪从之，謂之媵（註11）。諸侯娶一國，則二國往媵之，以姪娣從（註12）。蓋以「朕」義為賜，故孳乳為賸倂與送，良以媵女必有財物相隨」（註13），故詩魏風氓云：「以爾車來，以我賄遷」，此以財物媵女之例。依本器銘，此則白侯父作盤以媵叔嬀嬰母也，所謂「君公以嫁子，以鎮撫異姓」（註14）之媵器。此「鎜」字从金，蓋言器之質地也。从金與从木、从皿之「槃」、「盤」同。說文六上木部云：「槃，承槃也。從木般聲。鎜，古文從金。盤，籀文從皿。」

四、註：

1. 參見古籀篇十三第二〇頁。
2. 參見攈古卷二之三、二頁陳侯鼎。从古卷十三、十六頁周陳侯鼎。
3. 古代氏族社會，姓為同一圖騰者所共有，氏則為其中分支，舜後居嬀汭，因以為氏。參見金詁卷十二、六七〇二頁，林潔明引李宗侗、古代中國社會一文；又可參見姚秀彥、先秦史第一章第二節三代以前一五－一八頁；又三二－三七頁。
4. 參見積古卷八、二頁伯侯父盤。

5. 參見古籀三補卷十第六一七頁。

6. 參見餘論卷二第十七頁伯侯父盤。

7. 參見古籀篇四十六第一頁。

8. 參見王國維、集林卷三、廿一—廿二頁。

9. 參見古籀篇十第八頁。

10. 參見十二舊、三頁鼄伯鬲。

11. 參見儀禮、士昏禮：「媵御餕」鄭注。

12. 參見公羊莊十九年傳。

13. 參見殷契新詮之二、四六頁。

14. 參見龔自珍、說宗彝，載龔自珍全集第四輯二六一頁。

492 句它盤

一、銘文：

492

492

二、隸定：

隹句它弔□乍寶盤，其萬年無疆，子子孫孫，永寶用享。

三、考釋：

「句」者，說文三上句部云：「句，曲也。从口丩聲。」彝銘句作句（鬲比盨 三代十·四五）形，與小篆合。句或國名，或姓氏。「句它叔」者，乃作器者之名。其下當闕一字，橅泐不存耳。「萬年無疆」、「子子孫孫」及「永寶用享」，皆西周銘文中之嘏辭。「疆」、「享」押韻。

493 齊弔姬盤

一、銘文：

493

493

二、隸定：

齊弔姬作孟庚寶般，其萬年無疆，子子孫孫，永受大福用。

三、考釋：

此齊國器。「弔」者，伯仲叔季之「叔」也。「姬」姓蓋黃帝之後，說文十二下女部云：「姬，黃帝凥姬水，因水為姓。从女，匝聲。」又姬本周之姓，漢書外戚傳注：「姬者，本周之姓，貴於眾國之女，婦人美號皆稱姬，故左氏傳曰：『雖有姬姜，無弃蕉萃』，姜，亦大國女也。」〔註1〕「孟庚」者，孟為行輩，庚係人名。此齊國叔姬所作祭祀孟庚之禮器。

「萬年無疆」者，喻時間之長久而無窮盡。「子子孫孫」者，言其後嗣緜緜若瓜瓞，世代不絕。

「永受大福用」者，受字甲文作[illegible]〈藏.二四.三〉、[illegible]〈拾.十四.十九〉、[illegible]〈前.四.四四.六〉形，金文受字形構無殊，作[illegible]頌鼎〈三代.四.三九〉、[illegible]盂鼎〈三代.四.四二〉、[illegible]父乙卣〈三代.十三.四十〉形。說文四下𠬪部云：「受，相付也。从𠬪舟省聲。」考甲、金文所从之「舟」皆不省。所云舟者，即周禮春官司尊彝「春祠夏禴，祼用雞彝、鳥彝，皆有舟」之「舟」，鄭司農云：「舟，尊下台，若今時承槃。」故李孝定云：「舟乃月即凡字之譌」，當云：「以𠬪从凡

會意也。」(注三)說蓋可从。永受大福用者，永遠受其大福祉以祭亯

也。

四、註：

1、左成九年傳：「雖有姬姜，無弃蕉萃」，注：「姬姜，大國之女。」

2、參見甲文集釋第四、一四四三頁。

一、銘文：

494 般中朿盤

494

二、隸定：

隹般中朿作其盤，其萬年釁壽無疆，子子孫孫，永寶用之。

三、考釋：

般字，甲文作□（藏五、四）、□（藏五九、二）、□（甲一、十三、二）、□（後下二七、十三）形，金文形構無殊，作□（般甗 三代五、十三）、□（毛盤 三代十七、八）、□（師寏父盤 三代十七、九）形，郭沫若以「H乃凡字，譌變槃之初文也。象形。前片作□，即後來之般字，字當作□，譌變而為从舟从殳，而杯槃字乃益之以木作槃，或益之以皿作盤，金文伯侯父盤字作鎜，則从金，均緐文也。」（註1）李孝定从其說，而以般字本从凡从攴，象凡槃之施，譌而从舟，遂有「象舟之施」之義，且契文即有以舟作□形者，知「凡」、「舟」二字混用，殷世已然矣（註2）。般為槃旋，義殊荒誕不類，說文八下舟部云：「般，辟也。象舟之旋，从舟从殳，殳所以旋也。□，古文从支。」說當不誤，蓋以「般槃音同，H月形近，遂段般為槃，後从皿以示其類，从金以示其質，盤鎜並為形聲字。」（註3）本銘「般中宋」之「般」，蓋為國名或族稱。下文「盤」字从皿，蓋為盥器之盤。禮記內則：「少者奉槃」，注：「槃承盥水者。」唯黃季俞父盤曰「飲器」（三代十七、十三），盤或以為承食之禮器。

「□」字疑為「宋」字，然甲、金文宋字皆从宀从木作□（佚一〇六）、□（北子宋盤 錄遺二之一五三）形，無此形構，或為「宋」字之異文，於此用為人名。

四、註：

1. 參見卜通二九頁下。
2. 參見甲文集釋第八、二七七三頁。
3. 參見金詁卷八、五三五五頁。

一、銘文：

495 齊縈姬之⿰女疊盤

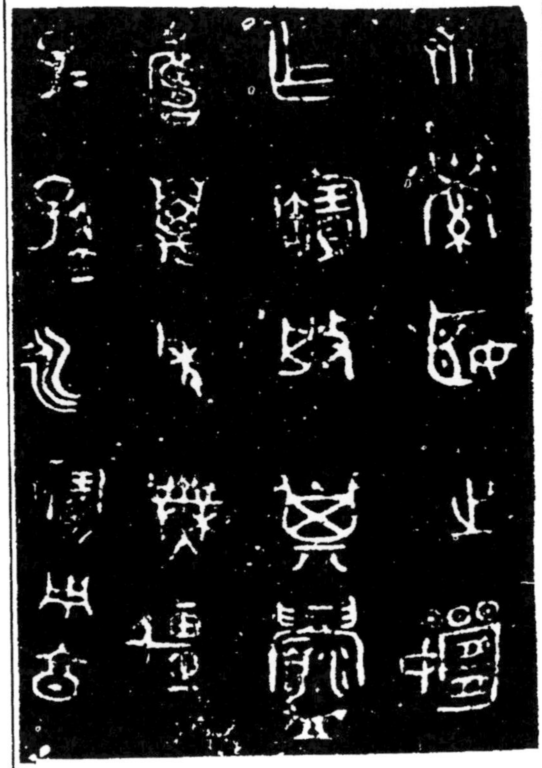

495

二、隸定：

齊縈姬之⿰女疊作寶般，其釁壽萬年無彊，子子孫孫，永寶用亯。

三、考釋：

此齊國器。「縈」字，或釋作索(註1)，又見縈伯簋作縈(三代七．十一)形，說文十三上糸部云：「縈，收卷也。从糸熒省聲。」楊樹達言从糸从𤇾，非熒省聲也(註2)。此縈姬或即姓氏之稱。「⿰女疊」字，又見穌甫人匜作⿰女疊(三代．十七．二九又穌甫人盤同)，⿰女疊妊壺作⿰女疊(三代十二．七)形，象从女从晶从宜。或逕釋作「明」(註3)；或以儀節言為「取」字，若禮記曾子問云：

「古者取婦，三月而廟見。」女者，婦也；晶者，參也；宜者，且也，祖廟也(註4)。說近無稽。或以宜為房組之房，皆宜之本字(註5)。亦未允。晶即晶字，宜或宜之變作且者，皆宜字也。文从晶从宜會意，晶為曐之初文，宜為多之段借(宜从多聲)，乃以示星多重積之義，引申為通凡重積之義(註6)，此字从女从晶从宜，汗簡下一、六引义雲章以「嬗」為古文「姪」，集韻亦以「嬗」同「姪」，故知「嬗」蓋為「姪」之古文。釋名釋親屬：「姑謂兄弟之女為姪」，公羊傳何休注：「諸侯一娶九女，夫人與左右媵妾各有姪娣」，本銘則為晉國縈姬之姪所作媵器耶？彊、亯押韻。

四、註：

1. 參見于省吾、雙選下、三七頁、三四九嬗盤銘(西三二、三七)。
2. 參見積微一六九頁縈白毁跋。
3. 參見吳式芬、攈古三之三、三十一頁晉邦盦。
4. 參見陳直、金文拾遺第九頁。
5. 參見郭沫若、青研一三八——一三九頁晉邦𥂴韻讀。
6. 參見魯實先、說文正補七六頁曐字條八〇頁。

496 𧫒湯弔盤

一、銘文：

二、隸定：

隹正月初吉壬午，埜湯弔白氏茬盨其隮，其萬年無彊，子子孫孫，永寶用之。

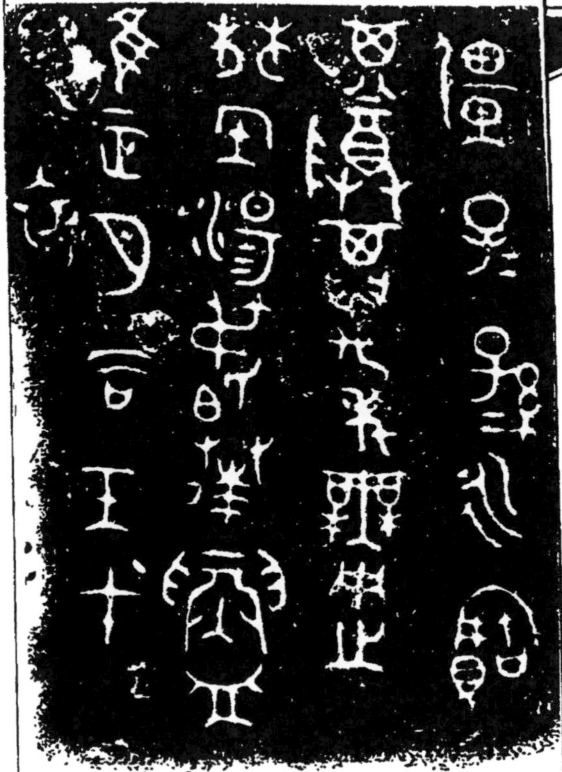

406

三、考釋：

此器行文錯落，「初」字旁出一行，「用之」側於前行，悉無定制。首記明月日初吉，次為作器者之名。「埜」字未識，或以為「⿱林句」字（註1），未詳其義，此係侯國之名。「湯」字，彝銘作湯師湯父鼎（三代四.二四）、湯曾伯簠（三代十.二六）形，說文十一上水部云：「湯，熱水也。从水昜聲。」金文形與小篆無殊，字蓋用為人名或地名。「叔」字下為「白氏」二字合文，作「[illegible]」形。「湯叔伯氏茬」蓋為作器者之姓名。「⿱艸⿰⺄丰」字，从艸从丰从⺄，李孝定云：「與甲骨文玉字作丰者同，當是从艸玉聲之字，說文所無。」(註三) 說或可从。

四、著錄：

1. 小校、九、七六、三。

五、註：

1. 參見金詁附錄(三)二〇〇〇頁。
2. 參見金詁附錄(二)一二〇一頁。

一、銘文：

497 函皇父作琱媍盤

497

二、隸定：

函皇父作琱娟般盉隮器，鼎毀一鼎：自豕鼎降十又二，毀八，兩鐳，兩鍑。琱娟其萬年，子子孫孫永寶用。

三、考釋：

此器與本書八二函皇父鼎、一六二函皇父毀蓋為同一人所作器，而文與函皇父毀稍異，彼毀言：「毀具自豕鼎降十又毀八」，此盤言：「鼎毀一鼎（具）：自豕鼎降十又二，毀八」。夫鼎、毀配備制度，於先秦禮制中最為明確，二者皆為禮器，一用以載牲肉，一用以盛黍稷，而牲體黍稷皆為食之主。周禮秋官掌客：「鼎簋十有二」，鄭注：「鼎，牲器也；簋，黍稷器也。鼎十有二者，飪一牢：正鼎九，陪鼎三，皆設于西階前。簋十有二者，堂上八，西夾、東夾各二。合言鼎簋者，牲與黍稷，俱食之主也。」而出土彝器亦往往鼎、簋一組（註1），蓋鼎簋之配備，為象徵貴族等級，身分高低之主要禮器。此盤銘亦載鼎、簋相配。蓋函皇父為周妘所作之媵器。本器銘三十九字，文多函皇父毀四字：「鼎」、「一」、「自」、「用」是也。

四、著錄：

1. 陝西、圖六五函皇父盤。

五、註：

1. 關於鼎、簋配備制度，可參見商周禮制中鼎之研究五〇八—五二三頁。

一、銘文：

498 守宮盤

498

二、隸定：

隹正月既生霸乙未，王才周，周師光守宮事，儐周師不𢘓，易守宮絲束、蘆幎五、蘆冪二、馬匹、毳希三、𦄂俸三、𨜰朋。守宮對䢅周師釐，用乍且乙隮，其䢅子子孫孫永寶用。勿遂。

三、考釋：

此器舊著錄諸家悉以為尊，高本漢、殷周銅器錄其盤形而未附拓本。陳夢家于倫敦見諸Mrs. Walter Sedgwick家中，始知為盤。

銘首記月日既生霸，次載地望為「周」，周下重文，「周師」

為人名，亦見免毀〈三代九、十二〉。陳夢家言周師與師某非一人，而與大毀〈三代九、二五〉之吳師同，乃守宮之上司也（註1）。「守宮」者，人名也。又見守宮觥〈商周、大、八五〉、守宮鳥尊〈膚稿、三、八〉、守宮卣〈中國銅器綜錄〉、守宮卣〈三代十三、十四，劉體智舊藏〉、守宮爵二〈小校、大、八、三〉等器銘（註2）。通考卜辭金文，複姓始於周，稱「東宮」〈古鑑三七、三十，鼓罍毀〉（註3）、「西宮」〈三代十三、三一，伯国卣〉（註4）、「南宮」〈周二、四十，南宮有司鼎〉、「北宮」〈左傳〉（註5），蓋因其族居宮方之方位而受氏（註6）。而此守宮，陳氏以為世襲之官名，大鼎記王才某某宮而「大以厥友守」，守者，守王之宮（註7），或即其名之所由。吳闓生謂守宮當是官名非人名者（註8），蓋惑於因官賜姓之來源。「光」者，明也（註9），榮也（註10）。「周師光守宮事」者，即言周師光顯守宮之職事，蓋旌其功也。

「僎」字，郭氏以為即祼將之祼（註11），字又見毛公鼎〈三代四、四六〉、噩侯鼎〈三代四、三二〉等器銘，或係僊字，僊者，獻也（註12）。「不𠯑」者，「不杯」也，「不顯」也。若：師奎父鼎銘云：「對揚天子不杯魯休」〈三代四、三四〉與頌鼎：「對揚天子不顯魯休」〈三代四、三九〉文句正同；又許伯簋：「對揚天子不杯魯休」〈愙齋十一、三〉與元年師兌簋：「對揚天子不顯魯休」〈三代九、三二〉銘亦無殊；而「用𠂔不杯」〈錄遺二〇五，召尊〉與此「僎周師不𠯑」辭例相近，故「不𠯑」即「不杯」也。岑仲勉曰：「丕（一不）字不含顯，故別作杯來表示，𠯑又其繁文，體例似乎不同而用意實在無異。」（註13）或以「𠯑」是「否」之繁文，「祼周師不否」猶適毀言「適御亡遣」，「不否」當讀如字（註14）。或以「𠯑、否同字，左傳：執事順成為臧，逆為否。不否者，執事順成無違逆也。」(註15)則未若釋「不顯」之暢達。「僤周師不𦧝」者，蓋進獻稱頌周師之偉大光明也。

周師錫守宮之物凡七：「絲束」者，絲以束計。「𦱤幎五」者，𦱤為苴之緐文，幎為幕之異文，字从因古文席。「𦱤𦱤二」者，𦱤即虎冟之冟，蓋為帳帷之屬。「馬匹」者，馬一匹也。「毳布三」者，郭氏言即氈也(註17)；陳氏以為帳中席坐之毛地毯也(註18)；于省吾則以毳布承馬匹，蓋為馬衣也(註19)；詩、豳風、七月：「無衣無褐，何以卒歲」，鄭箋：「褐，毛布也。」又孟子、滕文公：「許子衣褐」，趙注：「（褐）以毳毛織之，若今馬衣也。」左定八年傳：「公侵齊，……或濡馬褐以救之」，杜注：「馬褐，馬衣。」淮南子、覽冥篇：「短褐不完」，注：「褐，毛布，如今之馬衣。」及玉篇、衣部：「褐，馬披粗衣也。」蓋以「毳毛」為「馬衣」之說是也(註20)。「𢍉俸三」者，陳氏隸作專屖三(註21)；郭氏以𢍉即專字，俸疑絳之異，讀為紨，說文十三上糸部云：「紨，枲履也。从糸封聲。」(註22)未知然否。「𤪌朋」者，說文一上玉部云：「𤪌，𤪌瓄、玉也。从玉來聲。」集韻云：「𤪌或書作琜。」蓋為玉名。𤪌朋即𤪌一朋也。郭氏以為即珧貝(註23)。

「守宮對䫉周師釐」者，與令鼎銘：「令對䫉王休」(三代、四、二七)辭例正同，釐即休也。詩、大雅、既醉：「釐爾女士」，傳云：「釐，予也。」正義曰：「釋詁云：『釐、予、賜也。』俱訓為賜，故釐得為予。」「勿遂」者，勿墜也(註24)。吳氏誤「遂」為「述」(註25)，恐非。

四、著錄：

1. 吉文、卷四、九頁守宮尊。
2. 兩攷、九二頁下守宮尊。
3. 斷代(六)、三〇〇頁92守宮盤。
4. 殷周銅器圖版廿五B153。
5. 商周、八三二。
6. 曆朔、四一七（銘文）
7. 讀金文札記五則。

五、註：

1. 參見斷代(六)、三〇一頁。
2. 或疑後三者為偽刻，參見斷代(六)三〇一頁。
3. 又見陵貯毀〈兩攷、二〇〇〉、舀鼎〈兩攷、九七〉二器銘。
4. 又見伯㦰簋〈小校、八、三三〉、散盤〈三代、十七、二十〉二器銘。
5. 通志、氏族略云：「北宮氏，姬姓，衛之公族也。左傳有北宮奢。」
6. 參見王讚源、周金文釋例一二〇頁。
7. 參見斷代(六)、三〇一頁。

8. 參見吉文卷四、九頁．

9. 參見說文十上火部光字條．

10. 詩大雅韓奕云：「不顯其光」，箋云：「光猶榮也。」

11. 參見兩攷九三頁．

12. 參見于省吾、雙選卷上二、第六頁噩侯鼎．又「惡、獻古同部」，參見李孝定、金詁附錄(四)二〇九三頁．

13. 參見從漢語拼音文字聯系到周金銘的熟語，載兩周文史論叢第二〇三—二〇四頁．

14. 參見兩攷九二頁下；又二十二頁班毀．

15. 參見吉文卷四、九頁．

16. 詩豳風七月：「九月叔苴」，傳：「苴，麻子也。」箋：「麻之有實者．」莊子讓王：「顏闔守陋閭苴布之衣」，釋文：「苴，音麤，李云：『有子麻也。』」

17. 參見兩攷九三頁上．

18. 參見斷代(六)、三〇一頁．

19. 參見讀金文札記五則，載考古一九六六、二期．

20. 通俗編云：「世俗以袍為馬衣，製雖不同，而其名古。」袍長馬衣短，故云製不同．

21. 參見斷代(六)、三〇一頁．

22. 參見兩攷九三頁．

23. 參見兩攷九三頁。

24. 參見吳大澂、愙齋四冊十六頁盂鼎；又徐中舒、遹敦考釋，載集刊三本二分二八一頁。

25. 參見吉文卷四、九頁。

第二節 匜

匜，盥手注水之器也。儀禮、公食大夫禮：「小臣具盤匜，在東堂下。」既夕禮：「用器：弓矢耒耜，兩敦兩杅盤匜，匜實于槃中南流。」國語、吳語：「一介嫡男，奉盤匜以隨諸御。」皆盤匜同用，蓋以匜澆水於手，而盛以盤，故傳世之器，如齊侯盤（通考圖、八四五）、夆叔盤（貞松、中三五）、史頌盤（小校、九、七十）、魯伯愈父盤（三代、十七、七）、取膚盤（三代、十七、十）、𩵦盤（三代、十七、八）、白者君盤（三代、十七、十三）、鑄客盤（十二、遐、一○）諸器，皆與匜同出，而匽公匜銘云：「匽公為姜乘盤匜」（三代、十七、三）即其證。

匜之形制，可分兩類：甲為流不作獸首形者，有鋬，三或四足，甚或無足；乙為流作獸首形者，有蓋。其時代率皆西周後期以後器，而其銘文多在腹內，亦有在腹外者。本書著錄匜銘凡四。

499 匽白聖匜

一、銘文：

499

二、隸定：

匽白聖乍正也，永用。

三、考釋：

此匽國器。白為爵稱。「聖」字，甲文作𦔻（乙、五一六一）、𦔻（乙、六五三三）形，契文「从𦔻，象人上著大耳，从口會意，聖之初誼為聽覺官能之敏銳，故引申訓通，聖賢之義又其引申也。」（註1）林義光以聖、聽相承，互易其義，象聲出於口入於耳之形（註2）。郭沫若以為从口耳會意，壬聲（註3）。而聖从𡈼，「實从𠆢之衍變，字畫人形而特大其耳，从口會意，非从𡈼聲或壬聲也。」（註4）說文十二上耳部云：「聖，通也。从耳𡈼聲。」殆非朔義。此匜銘之聖字从少作「𦔻」，乃「聖」之緐文，此係用為人名。

「也」字，金文作也（子仲匜，三代、十七、三九）形，說文十二下乁部云：「也，女陰也。从乁象形，乁亦聲。」治說文者，以事近褻，故大力釐清。林義光云：「也，象獸尻後著尾形。」（註5）戴侗曰：「也，沃盥器也。有流以注水，象形。亦作𠤫，借為詞助，詞助之用多，故正義為所奪，而加匚為匜。」(註6) 高鴻縉从之，以「字原象匜注水之形，水之流注，二與三無別。以其為皿也，故加皿旁；以其金製也，故加金旁；亦或金皿並加之。東周之時，也始借為語助詞，小篆以也已借為助詞，乃加匚（音方，亦作匚，乃匜之初文，亦借為器皿之公名）作匜，於是歧為二字。」(註7) 李孝定則从說文之訓，而以「匜从也聲，與形無涉，金文匜字从皿从它，或从金从它，或逕作它，亦从它聲（也、它古音近）。其逕作它者，假它為匜也。」(註8) 其說未若高氏說之近於形義也。說文十二下匚部云：「匜，似羹魁，柄中有道，可以注水酒，从匚也聲。」殆為後起形聲字。「正」同「征」，「正匜」乃軍旅征戰所用之祭器。

「永用」，彝銘習見，若㠯伯簋：「萬年孫子其永用」（善齋八、十），散伯簋：「其萬年永用」（劍古上、二四），叔皮父簋：「皇萬年永用」（三代八、三八），芮大子伯簠：「子子孫永用」（三代十、十），番君鬲：「子子孫永用」（三代五、三八），穌衛妃鼎：「其永用」（三代三、十七），弔姬鼎：「永用」（周金二、五九）是也，義與「永寶用之」同。

四、著錄：

1. 冠斝補、六。

五、註：

1. 參見李孝定、甲文集釋第十二、三五一九頁。

2. 參見文源。

3. 參見兩攷八十一頁師望鼎。

4. 參見甲文集釋第十二、三五一九頁。

5. 參見文源

6. 參見

7. 參見字例二篇一二九頁；又唐蘭亦以也字本象匜形，其所以作也聲者，有窪下之義。說見壽縣所出銅器考略，載國刊第四卷一期七一八頁。

8. 參見甲文集釋存疑四五八〇頁。

一、銘文：

500 白吉父作京姬匜

500

二、隸定：

白吉父乍京姬也，其子子孫孫永寶用。

三、考釋：

此匜乃伯吉父為周姬所作之媵器，並祈其子孫永寶用也。

一、銘文：

501 弔殷父作師姬匜

501

二、隸定：

弔殷父作師姬寶也，其萬年子孫永寶用。

三、考釋：

「弔殷父」者，作器者之名。殷字未識，闕。「師姬」者，斯維至以彝銘中師某之器，師即師氏之省稱，或即以官為氏(註1)。此師姬乃師氏之女。「也」，匜之初文，匜乃後起形聲字。

四、著錄：

1.貞松、十、三八。

五、註：

1.參見兩周金文所見職官考二一一頁。

一、銘文：

502

二、隸定：

大師子大孟姜乍般盘，用亯用孝，用旛釁壽。子子孫孫，用為元寶。

三、考釋：

「大師」之稱，始見於西周初期彝銘，而經傳率以「師」為「大師」，若詩大雅大明：「維師尚父，時維鷹揚」，傳云：「師，大師也。」唯彝銘則「師」與「大師」有別，如大師虘簋〈上海、五二四六〉〔註1〕：「王乎師晨召大師虘入門，立中廷」中，「師晨」與「大師虘」為不同等階之王臣；於諸國器亦有稱「大師」者，如：蔡大師鼎（三代四十六）、鄭大師甗（三代五十）是也。惜銘簡文約，器見無多，故未能深究其職司為若何也（註2）。大師之子「大孟姜」乃作器者之名。此銘亦「般（盤）盅」合言，殆如常山之蛇，脣齒之喻也。銘末四句悉為嘏辭，蓋言是器能世世代代，用以祭享，並祈其子孫長遠善寶之也。

四、註：

1. 按大師盧簋共二器，傳一九四一年陝西省西安出土，銘文過去僅有摹本，未正式見於著錄。說文月刊一九三三年第二卷第十期，陝西新出土器銘考釋，及考古學報一九五六年第四期、陳夢家、西周銅器斷代等與其他書籍中曾經論述。大師盧簋另一器藏故宮博物院。又古代青銅器彙編一、四六頁著錄。另有一大師盧豆，見三代、十、四七.

2. 參見兩周金文所見職官考二一一頁；又黃然偉、賞賜一四○頁大師之說。

第五章　雜器

第一節　方彝

考諸禮經，器無以「方彝」名者，博古圖卷八著錄彝舟一類，而以器方、四隅幷腹間峻拔作觚稜之狀之「己酉方彝」屬之，或以為「卣」之方形而不具提梁者。其狀長方而有蓋，蓋上有紐如柱，或鼓腹而斂足，或腹旁有兩耳。其銘文在器蓋腹內。唯諸家皆視「方彝」為酒器，其用則未明，今為錄遺本書編號次第所限，襍于雜器名下，總集一類，不另別出，凡收方彝銘八器。

503 宁方彝

一、銘文：

503

二、隸定：

宁

三、考釋：

此方彝乃宁方或宁氏所作之禮器。詳見本書二四宁鼎銘文考釋。

504 宂方彝

一、銘文：

504

二、隸定：

□

三、考釋：

本銘又見亞中□□瓿（三代·六·九）。李孝定言象人首著弁之形（註1）。弁者，冕也。覈諸銘文，於形不類，字不可識，闕。於此用為作器者之名。

四、註：

1. 參見金詁附錄（一）四〇六頁。

505 車方彝

一、銘文：

505.1

505.2

二、隸定：

車

三、考釋：

本方彝器蓋對銘，蓋為陽識。殆車方或車氏所作之器。

四、著錄：

1、巖窟、上、二十

506 豕父丁方彝

一、銘文：

506

二、隸定：

⿲馬⿱大豕馬，父丁。

三、考釋：

本方彝為⿲馬⿱大豕馬氏或名⿲馬⿱大豕馬者為其父丁所作之禮器，于省吾隸「⿲馬⿱大豕馬」

為「豕」，當誤。銘文與本書二一二豕左右牽馬形父丁罍全同。

一、銘文：

507—508 亼室父戊方彝一—二

507

508

二、隸定：

竹室，父戊，告永。

三、考釋：

本銘辭意約略，乃「竹室」為「父戊」所作之禮器。「竹室」又見本書七二亞中矣亼室鼎，此為作器者之名。「告永」者，永本象水脈分理之形，引申而有永久義，其義與「告慶」（召伯簋 三代九·二三）、「永寶用之」（戈弔鼎 三代四·七）近，殆祈求長遠之意。

四、著錄：

1.金文集(一)圖六五、父戊方彝，十六頁；釋文六五頁一錄遺五〇七一〇。

一、銘文：

509 □方彝

509

二、隸定：

□攸作父庚隮彝，子子孫孫其永寶。

三、考釋：

銘首「□」字，作从口从四止从弓之形，疑與弓衛父庚爵（三代、十六、三十）之「□」、弓衛且己爵（三代、十六、二七）之作「□」者同，唯此四止非作四方圍繞，而作二止在上，二止在下之形，或即「正」字之異構，右文則象弓形，隸定作「□」，或國邑之名，或姓氏之稱。「攸」則作器者之名。此□方名攸者為其父庚所作之隮彝，用祈其子孫世代永寶。

一、銘文：

510 [illegible]方彝

510.1

二、隸定：

覌啓卿宁，百生馭，用乍高文考父癸寶障彝。用𩛥文考剌，余其萬年𩡶，孫子寶。文。

三、考釋：

此器銘文譎詭難曉。銘首「[illegible]」字，象人長跽持刀之形，疑从刀从見，隸定作「覌」字，說文所無，本義未詳，此用為作器者之名。「啓」字，或以啓、肈皆是門戶之象，爾雅、釋詁：「初、肈、始也。」故啓，初義同(註一)。竊擬啓本開義，左僖二十三年傳：「臣聞天之所啓，人弗及也。」孟子、滕文公下引書曰：「丕顯哉，文王謨；丕承哉，武王烈，佑啓我後人，咸以正無缺。」禮記、祭統：「啓右獻公。」啓皆含有佑義(註二)，故疑本銘啓字非肈、始之義，應釋為佑助之啓。「卿宁」又見本書五四、三五三、四四四諸器，悉用為人名或族稱。「百生」者，即百姓，如今甲盤銘：「諸侯百生」（三代·十七·二十），百姓，謂百官也。詩小雅天保：「群黎百姓」，傳云：「百姓，百官族姓也。」易繫辭下傳：「百官以治」、「百姓與能」，據此知百生者，即百官。則「覞啓卿宁百生𩰬」者，謂覞啓佑卿宁（人名），百官皆顯揚其休美。

「細」字从田从爪从幺从又，說文所無，未識何字。於此用作動詞。「文考剌」者，稱父為考，始于周人，故商器中只稱「父某」或「文父某」，至周器則稱「文考父某」或「厥考」、「文考」、「皇考」、「穆考」，秦誓數稱「文考」，大誥、康誥則稱「若考」、「厥考」、「文考」、「穆考」（註三），本銘亦稱父為「文考」。凡彝銘作「剌」，經傳作「烈」，若召伯虎毁：「作朕剌祖召公嘗毁」（三代·九·二），周書世俘：「王烈祖自太王、太伯、王季……」；又秦公毁：「剌剌趄趄」（三代·九·三三），爾雅釋訓：「桓桓烈烈，威也。」凡此皆以「剌」為「烈」，取其光顯誼。「細文考剌」者，疑稱頌其父之功烈光顯。

「⿰阝⿱鬳廾」字，他銘未見。戈父辛鼎有鬳（三代·三·二十）、盂鼎有鬳（三代·四·四四）、毛公鼎作鬳（三代·四·四六），與此所从形同。郭沫若謂字為象甗形，下層為鬲，上層為甑。小盂鼎銘「鬳賓」或「鬳王邦賓」（三代·四·四三），悉叚作獻納之獻（註四）。故疑此字从阜从鬳从廾，蓋其緐文，誼同獻，言獻。

銘末「爻」字，甲文作爻(藏一〇〇·二)、爻(拾十·六)、爻(後下十四·四)形，金文作爻父乙爻角(三代·十六·四六)、爻(爻盉 三代·十四·二)形。溯宋以來，咸釋為「世」字(註5)。馬叙倫言為極之初文(註6)。或嶂說文三下爻部：「爻，交也。象易六爻頭交也。」而以六易之爻釋之(註7)，則未若朱芳圃以字「象織文之交錯」為近是(註8)。重火為炎，重木為林，故重乂為爻，說文訓交者，解其本義。此則用為人名或氏族之稱，爻所作之禮器，若爻父乙簋(三代、六·十)，爻父丁簋(三代·六·十四)，爻妣辛爵(三代·十六·二五)，爻且丁斝(三代·十三·五十)，爻盉(三代·十四·二)是也。

四、註：

1. 參見斷代(二)八八頁召圜器。
2. 參見積微一〇五一一〇六頁。
3. 參見通考上、八〇頁。
4. 參見金攷二六七頁毛公鼎。
5. 參見款識卷三第三九頁世母辛卣。
6. 參見刻詞五四頁祖丁斝。
7. 參見吳大澂、古籀補十八頁；高田忠周、古籀篇十八第二〇一二一頁。
8. 參見釋叢一二八頁爻。

第二節　盂

盂為盛水或盛湯漿之器，韓非子外儲說左上引孔子曰：「為人君者猶盂也，民猶水也，盂方水方，盂圜水圜」是也。字通作「杅」，儀禮既夕：「兩敦兩杅盤匜」，注：「杅盛湯漿。」禮記玉藻：「出杅」，注：「杅，浴器也。」公羊宣十二年傳：「古者杅不穿」，注：「杅，飲水器。」說文五上皿部云：「盂，飲器也。从皿亏聲。」而盤盂連言，見於墨子兼愛下、呂氏春秋慎勢，及戰國策趙策，是入盂於水器類。其狀或方或圓，廣脣侈口，圈足附耳，銘文鐫在腹內。本書凡著錄盂銘三器。

511　匽侯盂

一、銘文：

511

二、隸定：

匽侯乍餗盂。

三、考釋：

「匽」，經傳作「燕」，蓋召公所封國也。此「匽侯」乃作器者之名。「餗」字屢見於彝銘，悉與器名連文，若「餗彝」（宰家簋盃〈三代六、三八〉）、「餗𩰫」（𩰫文鼎〈三代三、十五〉）、「餗𩰫」（戲伯鬲〈三代五、三一〉）、「餗匿」（番君簠〈三代十、十七〉）、「餗毀」（貞簋〈三代七、二一〉）

、「饔盌」公克錞（續考·二二）即是。說文五下食部云：「饙，滫飯也。从食奉聲。饙，饙或从賁。餴，饙或从奔。」舊隸作「餗」（註1），今釋家皆隸作「饙」。吳大澂謂為飯之華美者（註2）。馬叙倫言饙為祭名，金器文饙、奉、饙皆祈禱義（註3）。商承祚言饙、飯古今字（註4）。楊樹達言饙字名詞、動詞兩用，饙盂之饙，釋同說文；用為動詞，乃燕享之義（註5）。古饙、飯有別，音義亦殊；饙彝不必皆祓祭之器，故當从說文之解，楊說是也。「盂」字，契文作盂（粹六二）、盂（前一·四一·七）、盂（前二·三八·二）、盂（前五·五·六）形，羅振玉所謂卜辭或从𠄌，𠄌亦于字，𠃊即皿省（註6）。彝銘率皆从于从皿作盂，或从金，或从鼒从于，或从鼎从雩，或从斗，或从羊，不一而足。說文五上皿部云：「盂，飯器也。从皿亏聲。」（註7）甲、金文皆作从皿于聲。字於卜辭為方國之名，而此銘則用為飯器之專稱（註8），方言以盌謂之盂。全銘之意，殆燕侯所作盛滫飯之盂也。

四、註：

1. 參見薛尚功、款識卷九、六頁宋公欒鼎。
2. 參見愙齋五冊十七頁𢦏叔鼎。
3. 參見金器刻識八五一八六頁周宋夫人鼎。
4. 參見十二鏡四頁敔毁。
5. 參見積微一六八頁白康毁跋。
6. 參見增考中三九頁下。

7、按：小徐及後漢書注、御覽皆作「飯」；大徐及篇韻、急就篇注作「飲」，參見說文五上盂字下段注。

8、盂既為盛水及湯漿之器，而據此盂及本書五一三、要君盂作：「⿰飠聿盂」知盂亦可為飯器，其用途頗廣，大、小徐釋作「飯器」或「飲器」，皆得其一耑，未窺全豹也。

一、銘文：

512 魯大嗣徒元盂

512

二、隸定：

魯大嗣徒元乍飲盂，萬年眉壽，永寶用。

三、考釋：

魯，國名。初，周武王封弟周公旦於魯，成王時，周公位冢宰，留相天子，乃使其子伯禽代就封於魯，是為魯侯[註一]。此亦魯國器。嗣徒，官名。元，人名。或與本書八七器之「魯左嗣徒元」為同一人所作之器。「歙」下著器名，彝銘習見，若「畬壺」（伯壺〈三代.十二.十六〉）、「歙殷」（異中壺〈三代.十二.十三〉）、「畬鼎」（辛伯鼎〈錄遺.八八〉）諸器，此盂亦為「歙器」。唯容庚言其銘雖云「歙盂」，而器乃為匜，故作「魯大司徒元匜」（註二），似未允。

四、註：

1、參見史記卷三十三、魯周公世家第三。

2、參見通考上、四七二頁。

513 要君盂

一、銘文：

513

二、隸定：

隹正月初吉，要各白[居]自乍餴盂，用旂釁壽無疆，子子孫[永]寶是尚。

三、考釋：

本銘首記時月初吉，次載作器者之名，銘文第二行一、二字，孫詒讓（註1）、吳闓生（註2）、于省吾（註3）皆釋作「要君」。要字，甲文作[glyph]（前二、十六、四）形，說文三上臼部：「要，身中也。象人要自臼之形，从臼交省聲。[glyph]，古文要。」[glyph]蓋臼（頭形）之譌變，字「象女子自臼其要之形。女子尚細要，蓋自古已然，故制字象之。」（註4）此銘與許書古文形近，或係要字。下銘「[glyph]」字釋「君」則未妥。考甲骨、金文君字皆从尹从口作[glyph]（後下、二七、十三）、[glyph]（天君鼎 三代四、四）形，本銘則从夂从口，當為「各」字，與甲文作[glyph]（後下、九、五）、金文作[glyph]（趠鼎 三代四、十六）者形同；而「要各白」與「奠登白」（奠登白鼎 錄遺、八六）（註5）、「鼄𥪰白」（邾𥪰伯鼎 三代三、五二）、「效辛白」（辛伯鼎 錄遺八八）、「奠羌白」（鄭羌伯鬲 三代五、二九）、「𠬪光白」（光伯簋蓋 三代七、二七）、「鄭義白」（鄭義伯盨 三代十、三二）辭例正同，要乃國名，各者其氏，伯者其字或爵稱。「[glyph]」乃其名，疑為「居」字，與居簋（攈古二之三、八五）之[glyph]形近。「餴器」彝銘習見，孫詒讓云：「金文多云餴鼎、餴匜、餴毀、餴盤，此云餴盂，義並同。說文食部云：『餴，滫飯也。』又皿部：『盂，飯器也。』」（註6）故「餴盂」與「飲盂」皆是飲食之具。

「是尚」乃彝銘慣語，若陳公子甗：「子子孫孫是尚」（三代五、十二），喪史賓鉼：「子子孫孫永寶是尚」〈三代六、五四〉，郐䶑尹鉦：「士余是尚」〈三代十八、三〉，者減鐘：「永保是尚」〈三代一、四五〉；或作「典尚」陳侯因資錞〈三代九、十七〉、「用尚」為甬人遹〈三代十、三十〉，方濬益云：「尚，經傳皆作常，國語、越語：『無忘國常』，注曰：『常，典法也。』詩閟宮：『魯邦是常』，箋曰：『常，守也。』蓋取典守之義。……彝銘典常字但作尚，經傳作常者，通叚字也。」(註7)其說可从。

本器銘「強」、「尚」押韻，陽部。

四、註：

1. 參見述林。
2. 參見吉文卷四、三三頁。
3. 參見雙選下三、十五頁下。
4. 參見甲文集釋第三、八三八頁。
5. 又鄭登伯鬲〈三代五、二三〉，郭沫若云：「彝乃氏，伯其字也。」參見兩攷一八〇頁。
6. 參見述林。
7. 參見綴遺卷九、三十二頁。

第三節　缶

缶之為器，其用也雜，禮記禮器：「五獻之尊，門外缶，門內壺。」左襄九年傳：「具綆缶」，注：「汲器。」說文五下缶部：「缶，瓦器，所以盛酒漿，秦人鼓之以節謌，象形。」詩陳風宛丘：「坎其擊缶。」史記李斯列傳：「擊甕叩缶。」是缶具酒器、食器、水器及樂器之用；又國語魯語及小爾雅量皆以缶為量器。急就篇注：「缶即盎也，大腹而斂口。」昔人皆以瓦器視之，今乃知有銅者，本書著錄之缶銘，僅書也𨥁一器耳。

514 書也𨥁

一、銘文：

514.3

二、隸定：

正月季春元日己丑，余畜孫書，己擇其吉金，㠯叙鑄鈕，㠯祭我皇祖𥛚，㠯所釁壽。欒書之子孫，萬䞩是鈕。

三、考釋：

此器銘三紙，器四十字，錯金，附摹本，蓋八字，銘文由左行。

514.2

首記其月分季節。稱元日者，又見徐王子鐘（錄遺四）、陳財毀（三代八、四六），義與吉日同。廣雅．釋詁：「元、善也。」禮記、王制：「天子乃以元日祈穀于上帝。」盧注曰：「元、善也。」呂氏春秋仲春紀：「擇元日，命人于社。」高誘注：「元、善也。」與說文訓吉為善義者同。而以季節名記時者，為東周器銘特有之現象（註1）。若越王鐘：「孟春」，商鞅量之「冬」，鄂君啓節之「顕（夏）佫之月」是也。邍周書周月篇云：「凡四時成歲，有春、夏、秋、冬，各有孟、仲、季以名十有二月。」此正月稱季春，而越王鐘正月則稱孟春，參差不整，唯以辭例簡陋，未得究其真相耳！

畜字金文與小篆同，从田从玄。林義光以田滋為畜，以魯郊禮畜从田从茲（註2）。周谷城以一切經音義：「蓄，古文稸」，言畜為縣田為栗，即懸于田中之栗也（註3）。說文云：「畜、田畜也。」淮南子曰：「玄田為畜。」蓄，魯郊禮畜从茲从田，茲，益也。」而此器畜孫者，玄孫也。爾雅．釋親：「曾孫之子為玄孫。」注：「玄者，言親屬微昧也。」釋名．釋親屬：「玄，懸也。上懸於高祖，最在下也。」或以畜、孝二字通假，如禮記．坊記：「以畜寡人」，注曰：「畜、孝也。」畜孫者，孝孫也。聊備一說。

書者，作器者之名，即左宣十二年傳記邲之戰：「趙朔將下軍，「欒書佐之」之「欒書」也，說文三下聿部云：「書，著也。从聿，者聲。」高田忠周言書即以聿記事而辯治分別也。者、書同意（註4）。「[字形]」，疑為「巳」之異構，與「擇其吉金」連讀，或釋「兄」字（註5）。則稍嫌不辭。

⿰乍又字从又作「⿰乍又」，誼同，蓋乍之緐文。⿰金缶字从金作⿰金缶，蓋言器之質料。缶，甲文作[字形]（後.上.九.七）、[字形]（甲編二六二）形，金文作[字形]（缶鼎 三代.三.五三）、[字形]（蔡侯缶 蔡三四）形，說文五下缶部云：「缶，瓦器，所以盛酒漿，秦人鼓之以節謌，象形。」高田忠周以「凵象器形，⺊或[字形]為器蓋（註6）。魏建功以凵寫瓦器之實，加午凵上，以定缶之業，午所以鼓之者（註7）。而高鴻縉、朱芳圃、李孝定則以午為聲符（註8）。然契文不从午，或原為象形，疑未能明也。禮器云：「門外缶，門內壺」，急就篇注：「缶即盎也，大腹而斂口」。

皇祖[字形]，即皇祖妣。末字从女从毘，說文十二下女部云：「媲，妃也。从女毘聲。」集韻引字林曰：「媲，配也。」禮記、曲禮鄭注：「妣之言媲也。媲於考也。」故高田忠周以妣、媲本同字（註9）。禮記、曲禮：「王母曰皇祖妣。」即是其例證。或釋盧、余也，連下讀（註10）。

所者，祈也。䜌字从言絲，會意，乃言之不絕也。孳乳為欒、鑾、蠻字。銘文於此蓋用為姓，書其名也。欒書為晉國權臣，見於左傳宣公十二年及成公十八年。[字形]者，與枼同。枼、世同訓。

銘、寶之異構。銘辭「丑」、「銖」、「壽」、「寶」為韻。

四箸錄：

1.金匱論古綜合刊第一期一〇九頁。（附圖一）

通高一尺二寸一分，腹深一尺〇三分。腹濶一尺二寸一分（一連環），底徑五寸二分，外口徑五寸四分，器之蓋與腹共有四環耳。銘在腹外，五行，行八字，錯金。容希白氏藏器。

五.註：

1.參見殷周青銅器賞賜銘文研究三六・三八頁。

2.參見文源。

3.參見古史零證一八一－一一九頁。

4.參見古籀篇五十九第三〇頁。

5.參見金匱論古綜合刊第一期一〇九頁。

6.參見古籀篇二十二第三一頁。

7.參見釋午一文頁。

8.參見字例五篇一六頁；釋叢一〇六頁缶；甲骨集釋第五、一八〇二頁。

9.參見古籀篇三十七第四三頁。

10.參見周金文釋例一九五頁。

器銘 左行

（附圖一）

第四節　𦈣

說文五下缶部：「𦈣，小缶也。从缶音聲。」又十二下瓦部：「瓿，甂也。从瓦音聲。」又「甂，似小瓿，大口而卑。」王念孫、廣雅疏證釋器云：「瓿亦作𦈣。」漢書揚雄傳：「吾恐後人用覆醬瓿也」，顏注：「瓿音部，小罌也。」罌乃大腹小口，用以盛酒之器，瓿為其小者，故其形制，圓腹斂口，圈足有蓋，或作兩耳。大氐無銘文，有則在口緣內及腹內。本書著錄𦈣銘凡四器。

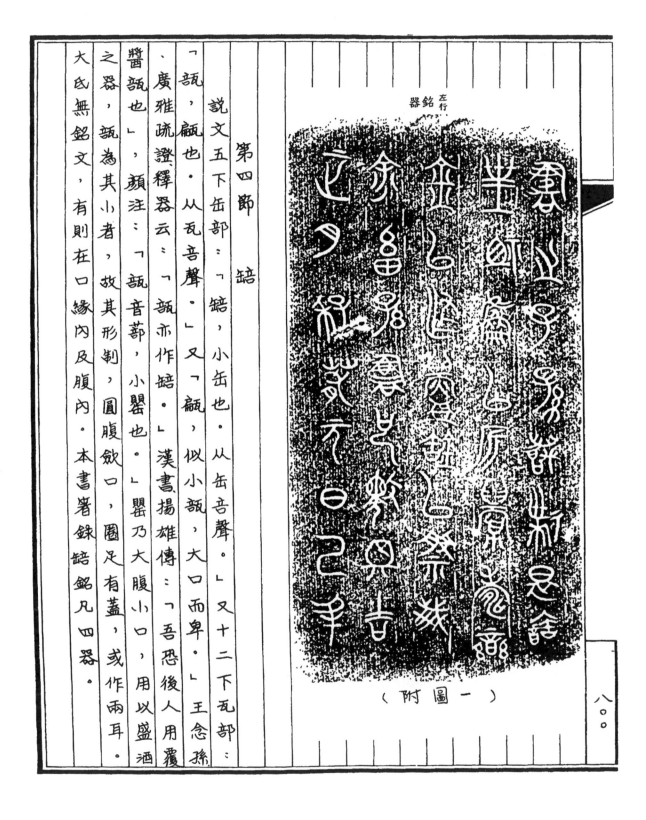

一、銘文：

515 宁錇

515、1

515、2

二、隸定：

宁

三、考釋：

此錇乃宁氏或宁方所作之器，詳見本書二四宁鼎考釋。

一、銘文：

516 吴錇

516

二、隸定：

吴。

三、考釋：

此銘于省吾隸作「昊」(註1)、魯實先先生言「象戴由兼提物之形，而為戴之古文。」(註2)王永誠則以此器銘亦戴方或戴氏所作之器(註3)。然細審銘文，从日與相隔留間，何戴之有？銘正从日从大，大與甲文之大(乙七六八)形，亞𣪘爵之大(頌續九四)形同，象人行走雙手擺動之形(註4)，當為「昊」字，說文所無，此用為作器者之名。

四、著錄：

1. 文參、一九五四、五、四十

五、註：

1. 參見錄遺目錄一八頁下。
2. 參見殷契新詮之釋由
3. 參見先考五七七頁。
4. 參見金詁卷十、六〇八三頁。

一、銘文：

517

517 ~~冊冊~~光錇

二、隸定：

冊冊光

三、考釋：

夫「冊」者，本象簡編一長一短，縱垂四條之形，此从二冊者，緐文，當與作一冊者同，蓋為作冊之官或氏族稱號。銘末「光」字稍泐，未知其从儿或从卩（跪之形），與本書三九四器之形近，此亦用為作器者之名，疑同一人所作之禮器。

518 句向父戊錇

一、銘文：

518

二、隸定：

句向，父戊。

三、考釋：

此句方干氏為其父「父戊」所作之禮器，「句向」字詳見本書二四九器考釋。

第五節　鑑

鑑之形制，侈口圈足或無足，壁深於盤，有二耳、三耳、四耳者，耳有銜環，多為春秋戰國器。其用以盛水，說文十四上金部云：「鑑，大盆也。」字通作監，莊子則陽：「靈公有妻三人，同濫而浴」，墨子節葬：「几梴壺濫」是也。鑑又用以盛冰，周禮凌人：「祭祀共冰鑑」，注：「鑑如甀大口，以盛冰，置食物於中，以禦溫氣」是也。鑑之大者可入浴，小者亦可鑑容。其銘文皆在腹內。本書著錄鑑銘凡三器。

一、銘文：

519—520　智君子鑑一—二

520　519

二、隸定：

智君子之弄鑑。

三、考釋：

此智君子鑑二器，民國廿七年河南輝縣出土。「智君子」者，

說文四上白部云：「𥏼，識詞也。从白亏知。𥎿，古文智。」本

銘之智，乃國邑之名，智氏出於荀首，荀林父之弟，以食邑於智，別為智氏，是為智莊子，然終春秋之世，列國之卿大夫，亦未聞有稱君者，是智君之於智氏，殆又可疑。君於卜辭，義與尹同，本王臣之稱，君臣對稱，殆起于戰國，大夫可封其宗族為君，如趙襄子封兄子為代成君是也。唐蘭以「智君子」為智君之子，言古人作器，好稱述其祖父之名，如吳季子之子，命瓜君孠子之類，而君子一詞，與王子公子同例，不可以為人名（註一）。

「弄鑑」者，弄字又見杕氏壺銘：「弄壺」（三代十二•二七），天尹鐘銘：「天尹作元弄」（三代十八•十一），弄鳥尊銘：「子作弄鳥」（精華一九三）。商承祚言弄為奉之本字，象兩手奉玉，有執業敬慎之意（註二）。唐蘭則據說文：「弄，玩也。」楚語：「若夫白珩，先王之玩也。」是玩有珍寶之意，而言弄鑑者，蓋指寶物之足供玩賞者，異於尋常服用，暨祭器、明器之類（註三）。徐中舒謂獵器即古代之弄器（註四）。唐說近實。

鑑字，說文十四上金部云：「鑑，大盆也。从金監聲。」可為浴器，且兼照容，考工記輈人注云：「鑒亦鏡也。」左莊二十一年傳：「王以后之鞶鑑予之」，釋文：「鏡也。」詩邶風柏舟：「我心匪鑑」，毛傳：「鑒所以察形。」鑑即秦漢之鏡。

四、著錄：

1、通考圖八七四，又四七○頁云：

「高六寸七分，口徑一尺二寸九分，脣寬五分。四獸耳，兩耳銜扁平之環。通體飾獸帶紋，腹足間以綯紋三道，脣之外側飾貝紋。銘「智君子之弄鑑」六字，在腹內。民國廿七年，河南輝縣出土，凡二器。」

2. 唐蘭、智君子鑑考，輔仁學誌七卷一、二期。

「器為圓形之鑑，高○、二二四公尺，圈足高○、○二三公尺，徑○、四三公尺，脣寬○、○一五五公尺。有四耳，耳上著獸面形，其兩耳貫以扁平之環，均為較簡單之蟠虺紋。器脣之外側為貫貝紋，於獸面上復飾以髮紋。器之外表遍布綠鏽，而腹內則晶瑩如鏡。銘在腹。」

五、註：

1. 參見智君子鑑考一○八－一一○九頁。
2. 參見十二、契二頁天尹鐘。
3. 參見智君子鑑考一○一－一○二頁。
4. 參見蔡元培先生六十五歲慶祝論文集

521 吳王夫差鑑

一、銘文：

521

二、隸定：

吳王夫差羼氒吉金，自作御鑑。

三、考釋：

吳字甲文作吠（甲編一六三一）形，金文或从矢从口作𡗓（大簋 三代九.二五）、吠（吳盨 三代十七.三），或从大作𡗓（吳王光鑑 叢三九）形。說文十下矢部云：「吳，姓也，亦郡也。一曰：吳，大言也。从矢口。𡗓，古文如此。」大、矢皆象人形，故偏旁可以互通（註1）。阮元（註2）、強運開（註3）或以吳為虞。而金文之吳，用於國稱，或作工𫊸（者減鐘 三代一.四五）、攻敔（攻敔王光戈 三代十九.四三）、攻吳（攻吳王鑑 三代十八.二四）、及吳（吳季子之子劍 攈古二之二.五七）、禺邗（禺邗王壺 柯十二），史記吳太伯世家：「太伯之犇荊蠻，自號句吳。」又作「勾吾」（註4），凡是皆「吳」之別稱，蓋本姬姓之國。吳王夫差，吳王闔廬之子，吳王闔廬即為公子光。越絕書謂太伯至夫差為二十六代，索隱則言二十五代耳。

「御鑑」者，用鑑也（註5）。楚辭涉江云：「腥臊並御」，王注云：「御，用也。」荀子大略云：「天子御珽，諸侯御荼，大夫服笏」，楊注云：「御、服皆器用之名，尊者謂之御，卑者謂之服。」知御有用義（註6）。

或云光緒山西通志金石記卷一首錄此器，並明器形及出土之地，器高一尺二寸，口徑二尺一寸二分，重七十四斤，同治中山西代州蒙王村出土（註7）。另一器銘少一「攻」字，即本書所著錄者，乃仿造之偽器，未載明出土之地及時間，故疑為偽刻。

四、註：

1. 參見甲文集釋第十、三二一七頁。
2. 參見積古卷六、二四－二五頁師酉敦。
3. 參見古籀三補卷五、四頁。
4. 參見陳夢家、壽縣蔡侯墓銅器三三頁。
5. 參見許進雄、釋御，載中國文字十二册三頁；又一〇－一一頁。
6. 參見楊樹達、積微二十一頁頌鼎跋。
7. 參見容庚、通考上、四七〇頁；又于省吾、雙選下三、十六頁下；吳闓生、吉文卷四、三一四頁。

第六節　釜

釜者，烹飪器也。詩、召南、采蘋：「維錡及釜」，傳：「有足曰錡，無足曰釜。」說文三下鬲部云：「鬴，鍑屬也。从鬲甫聲。釜，鬴或从金父聲。」又方言：「釜或謂之鍑。」今俗謂之鍋。釜又以為量器，周禮、地官、廩人：「人四鬴」，注：「六斗四升曰鬴。」又三禮圖：「釜容三斛，或曰二斛。」其說互異。本書所著錄釜銘僅卅年釜一器耳。

522 卅年釜

一、銘文：

522.2　522.1

二、隸定：

卅年□□□□□□□□□□□

三、考釋：

此器銘幠拓幽晦，用筆纖細，不易辨識，故闕。唯于氏自題為「卅年筌」，與東周銘文首記年數者同，全銘十三字，銘一在器脣，一在器身也。

第七節　勺

勺者，挹酒之器。說文十四上勺部云：「勺，枓也。所呂挹取也。象形。」考工記：「梓人為酒器，勺一升」，注：「勺，尊斗也。」又儀禮士冠禮：「實勺觶角柶」，注：「勺，尊斗，所以㪺酒也。」蓋酒盛於尊，必以勺挹取而後注於爵中，今所見[illegible]卣（通考圖、六五六），守宮作父辛觥（通考圖、六八五）器中皆藏有勺，師遽方彝（通考圖、六○四）蓋前有二方孔，所以納勺而今失之者，考工記、玉人注杜子春所云：「酒尊中勺也。」其狀體圓中空，可以挹酒，旁有長柄可以把持，其銘文無稱器名者，銘在柄末或柄中。本書所著錄勺銘凡三器。

523 又勺

一、銘文：

523

二、隸定：

又。

三、考釋：

此勺乃又方或又氏所作之器，詳見本書一八一、一八二又尊銘文考釋。

524 [illegible]勺

一、銘文：

524

二、隸定：

囟

三、考釋：

囟乃曾之初文，此勺為囟方或囟氏所作之禮器，詳見本書二二、二三囟鼎考釋。

525 龏子勺

一、銘文：

525

二、隸定：

龏子。

三、考釋：

此龏方子氏所作之禮器。

第八節 杯

古以杯為盛酒、盛羹及盛水之器，大戴禮記曾子事父母篇：「

執觴觚杯豆而不醉」，此杯以盛酒也。史記項羽本紀：「漢王曰：『吾翁即若翁，必欲烹而翁，幸分我一杯羹。』」此以杯盛羹也。淮南子齊俗訓：「窺面於盤水則員，於杯則隨，面形不變其故，有所員有所隨者，所自窺之異也。」此以杯盛水而其形橢圓也。

526 ⿰氵采都杯

526

一、銘文：

二、隸定：

⿰氵采都。

三、考釋：

本銘刻鏤纖細，用筆率意，摩撫已泐失不清，于氏自隸為「⿰氵采都」，姑且從之。然「⿰氵采」字於書無徵，形音義俱闕。下「都」字，甲文未見，彝銘則作都[illegible]鐘〈三代一.六五〉、都[illegible]鐘〈三代一.六六〉、都中都戈〈三代.十九.二九〉、都新都戈〈錄遺.五六六〉形，說文六下邑部云：「都，有先君之舊宗廟曰都。从邑者聲。」周禮：『距國五百里為都。』」金文亦从邑者聲，與篆文同。又釋名釋州國：「國城曰都。都者，國君所居，人所都會也。」則此「⿰氵采都」，或係國邑之名，而非作器者之名。⿰氵采乃專稱。

第九節　檠

檠之為器，可用以矯正弓弩，淮南子修務篇：「弓待檠而後能調。」詩小雅角弓：「騂騂角弓，翩其反矣」，釋文：「檠音景，弓匣也。」又為有腳之器皿，如籩豆之屬，漢書地理志：「飲食以籩豆」，注：「以竹曰籩，以木曰豆，若今之檠也。」本書著錄檠銘凡二，悉為弓形器。

527 雋檠

一、銘文：

527

二、隸定：

雋

三、考釋：

此檠銘象鳥棲於物上之形，蓋雋方或雋氏所作之器，形與本書二七九雋斝形近。唐蘭以此器非「檠」，當為縛於弛弓上之弓形輔助器「弻」[註1]也。

四、註：

1.參見弓形器（銅弓柲）用途考，載考古學報一九七三年第三期一七九一—一八一頁。

528 盃槳

一、銘文：

528

二、隸定：

盃、

三、考釋：

此為盃方或盃氏所作之禮器，詳見本書四。一盃爵考釋。

四、著錄：

1.唐蘭、弓形器（銅弓柲）用途考圖三、右四，考古學報一九七

2.、3.。

第十節 車飾

古之車各部均有飾物，據近世出土車器，車之輿、衡、轂皆有飾。本書著錄車飾凡二，一為𠂤車飾，一為康侯鸞鈴。鸞鈴為衡飾，禮記玉藻：「在車則聞鸞和之聲」，注：「鸞在衡，和在軾。」

蓋以車衡上設鈴，行時有聲如鸞鳴，取其聲和則敬也。

一、銘文：

529 峀車飾

529

二、隸定：

峀

三、考釋：

本銘見于契文作□□〈藏、七二、一〉、□〈前、一、四六、三〉、□〈前、二、十二、一〉、□〈前、三、二二、五〉、□〈前、六、八、三〉、□〈後下、二七、十四〉、□〈戩、三七、十五〉形，金文則作□〈峀甗 三代、十四、十五〉、□〈峀爵 三代、十五、八〉形，吳大澂疑非一字，上八，下與申字同，人名也〔註1〕。高田忠周以為㡀之古文□，又以為䏌（胂）字古文，意則疑慮不定〔註2〕。葉玉森疑為奄字〔註3〕。郭沫若疑即撞之初文，以其正象丮擣之形，八示分破之意〔註4〕。張廷濟以為曽〔註5〕。朱建卿釋為甾〔註6〕。孫詒讓言上从八，下似从屮，未詳〔註7〕。王襄言為古「关」字〔註8〕。魯實先先生定為「弁乚、字之古文(註9)。張秉權以「此字象兩手捧錐揷刺之狀，當是𠦪字，八象分開之意，𠦪乃田器之總名。」(註10)李孝定裁奪是非，決其懸疑，言「郭說釋撞，於字形無據；釋臾釋奄，葉氏已自承未安。王氏據金文[舟夭]之偏旁釋此為关，於字形雖有可說，而音義無考。魯氏據以論定此為弁之古文，陳義甚富，惟弁之本義為冕，此字形似與冕義無涉。」(註11)高田氏隸定作[入申]，謂是古陳字，亦沿吳氏之誤。申乃電之本字，而此从兩手，非申字也(註12)。又金祥恒、續文編收此字作舂(註13)，然卜辭別有「舂」字作□(後下.二十.三)、□(續.五.二.四)形，故字當釋𠦪，象兩手持石斧，或象其他銳耑之器揷刺之形，八示其分也。此則𠦪方或𠦪氏所作之禮器。

四、註：

1. 參見古籀補坿錄二十頁；又愙齋二十三冊八頁(□爵釋作申。
2. 參見古籀篇五十八第一一一一二頁。
3. 參見前釋一卷一二七頁。
4. 參見甲研釋𢆶一頁。
5. 參見小校卷二第三二頁引。
6. 參見小校卷四第三五頁引。
7. 參見舉例下四七頁。
8. 參見籩考地望七頁。
9. 參見殷契新詮之二，三九頁。

10. 參見卜辭彳止化說，載集刊二九本七七七－七七九頁．

11. 參見甲文集釋第七、二四一四頁．

12. 參見金詁附錄(二)八六九頁．

13. 參見續文編卷七、七頁上．

530 康侯鸞鈴

一、銘文：

530

二、隸定：

康侯．

三、考釋：

康侯所作之器，彝銘屢見，若康侯鼎〈三代．三．三〉、康侯簋〈錄遺．一五七〉、□鼎〈三代．三．三十〉是也．王筠以「康」為「穅」之古文，下象米形，庚聲〔註1〕．高田忠周意同王氏，然又疑故「庚」、「康」同字，當是古文作庚，籀文作康耳〔註2〕．羅振玉謂⺌象其碎屑之形〔註3〕．郭沫若則謂「康」字當以和樂為本義，从庚从⺌，庚亦聲．庚乃手搖之樂器，康下之點撇，蓋猶彭之作□若□，言之作□若□也〔註4〕．郭說可从．下文「侯」字，甲文作□〈藏．四六．三〉、□〈拾．二．十八〉、□〈前．四．十八．一〉、□〈前．二．二．六〉形，金文作□〈𠑹侯父戊簋．三代．七．九〉、□〈作且乙簋．三代．六．四四〉、□〈子侯卣．三代．十二．三五〉、□〈康侯簋．錄遺．一五七〉、□〈賸侯殘簋．三代．八．九〉作

殷〉、𥎦〈菁𥎦缶〈集三四〉〉形。說文五下矢部云：「矦，春饗所䠶矦也。从人从厂，象張布，矢在其下。天子䠶熊虎豹，服猛也。諸矦射熊豕，為田除害也。其祝曰：毋若不寧矦，不朝于王所，故伉而射汝也。𥎦，古文矦。」甲、金文矦字皆作从厂从矢會意。厂象射矦之形，矢集其下，以見其䠶矦之義。葉玉森則以厂象疆界，示有土也；从[illegible]，象交脛人，乃俘虜，示有人也。有土有人，侯國斯建，篆譌从矢[註6]。劉節則引衛聚賢[註7]說，謂[illegible]蓋為交字或大字，象人形；厂象帳篷，坐其中之[illegible]乃主人[註8]。然以甲、金文覈之，[illegible]實為矢形，雖矢、交形近，然「鏑短而手長，羽小而交脛大，箭榦長而人身短。」[註9]乃同中有別。且「厂亦無疆界義，並之象帳篷之形，故𥎦乃象射矦張布著矢之形[註10]。字於卜辭大半為爵稱，此銘亦同，乃康侯所作之禮器。

四、註：

1. 參見釋例六七四－六七五頁。
2. 參見古籀篇八十二第一五頁。
3. 參見甲研下冊釋干支十一頁下引。
4. 參見甲研下冊釋干支十一頁。
5. 段注刪「豕」字。
6. 參見說契十頁。

7. 參見古史研究第一册。

8. 參見攷存一六八頁，壽縣所出楚器考釋及中國古代宗族移殖史論一五一一六頁。

9. 參見金詁卷五、三四六八頁張日昇說。

10. 參見積微二十四頁矢令彝三跋。

第十一節　車器

說文十四上車部云：「車，輿輪之總名也。夏后時奚仲所造。象形。」段注云：「車之事多矣，獨言輿輪者，以轂輻牙皆統於輪，軾較軫軹轛皆統於輿，輈與軸則所以行此輿輪者也。」今出土車器，多為輪器，若釭軎轄之屬，輿輈因係木質，朽於地下，未獲一見。本書所著錄車器凡四器。

531 右輚車器

一、銘文：

531

二、隸定：

右⿰車夋

三、考釋：

此器銘「右⿰車夋」二字錯金。「右」字金文習見，或為右導之右，或為左右之右，故說文三下又部云：「右，助也。从口从又。」林義光以為「義取手口相助並作也」(註1)。高田忠周則以从口从又，又亦聲(註2)。丁山以「亞侯又」〈鄴羽三下．四三．九〉乃右師，即是右氏，故卜辭有以「右」為氏之例(註3)。「⿰車夋」字甲文未見，說文亦無。高田忠周以偏旁「夋」即「叓」字，叓為鞭省，故以為「馭」字異文(註4)。張震澤亦以⿰車夋為駿，乃管理卒乘車御之官(註5)。則此「右⿰車夋」者，或為與御馬車相關之官名，或右氏名⿰車夋者所作之器，然以其為車器，毛公鼎有「右厄（軛）」〈三代四．四六〉之稱，疑此亦車器名。

四、註：

1. 參見文源。
2. 參見古籀篇五十七第一〇—一一頁。
3. 參見氏族方國志六三頁。
4. 參見古籀篇七十五第三九頁。
5. 參見燕王職戈考釋，載考古學報一九七三年第四期二四五—二四六頁。

532 西年車器

一、銘文：

532

二、隸定：

西年．

三、考釋：

此器銘筆畫纖細，稍泐不清，或為「西年」二字．甲文「西」字作甶（藏八．五二）形，金文作甶（戍甬鼎 三代四．七）、甶（禹鼎 錄遺．九九）、甶（國差𦉜 三代十八．十七）、甶（秦公簋 三代九．三三）形．說文十二上西部云：「𠧧，鳥在巢上也．象形．日在西方而鳥棲，故因以為東西之西．棲，西或从木妻．卤，古文西．卥，籀文西．」說解諸家悉依許氏立意，唯丁山以甶為象网形（註1）．唐蘭則言卜辭假甾為西，不可逕釋為西，而「西」、「囟」原為一字（註2）．于省吾則从唐氏之說（註3）．李孝定辨之云：「字不从鳥，不足以會日在西方而鳥棲之意，且巢與西聲韻懸遠；而丁氏釋网之說，與西之音義亦渺不相涉，故从唐說，蓋甾為瓦缶，其形製本有類此侈口者．」（註4）林絜明則以音韻推之，言西字上古為心母脂部 ser，囟為心母真部 sien，甾為精母之部 tsəɣ．tsiəɣ（註5），故「西」、「囟」同韻，為陰陽對轉，故當與頭會𡓞蓋之囟為一字．囟既為西方之義所專，故西、囟別而為二（註6），林說可从．

「年」字於甲文作□〈[illegible].十三〉、□〈鐵.二四八.一〉、□〈甲.三.四.六〉、□〈戩.七.十五〉形，金文形構多見，率皆从禾从人，或从千，或由千譌成壬，若□齊侯壺〈三代.十二.三三〉形。說文七上禾部云：「秊，穀熟也。从禾千聲。春秋傳曰：大有秊。」葉玉森以契文「年」字似狀禾下見根形，禾孰則犂其根，根見則一年盡，即「秊」之初誼。又疑从人戴禾，初民首部力強，禾稼既刈，則捆成大束，以首戴之歸（註7）。其說猶仍許書穀孰為秊之意，似有附會穿鑿之嫌。考甲、金文秊字皆从人从千；其从壬者，乃譌變之體。字當从禾、人聲，蓋以穀熟為初誼，金文或以為年歲之稱。本銘云「西年」，其義如何，待考。

四、著錄：

1. 尊古、四、三七

五、註：

1. 參見朱芳圃、文字編十二卷一頁下西字條引。
2. 參見釋四方之名，載考古四期，一九三六年。
3. 參見騈續三〇頁下釋西言王。
4. 參見甲文集釋第十二、三五〇七頁。
5. 按張日昇以西古音在脂部 sied，甾在之部 tsəg，音隔不通；囟古音在真部 sien，脂、真對轉，蓋無可疑，參見金詁卷十二、七一五六｜七一五七頁，其擬音值稍殊。
6. 參見金詁卷十二、六五三七頁。

7.參見說契一頁下。

533—534 晉公車器

一、銘文：

533

534

二、隸定：

晉公之車。

三、考釋：

此二車器銘同。銘者「晉」字，甲文作□〈佚、六〇〉、□〈拾、十三、一〉形，金文則作□格伯作晉姬簋〈三代、八、五〉、□晉邦盦〈甬金、四、三六〉、□屬羌鐘〈三代、一、三三〉形，晉陽布作□〈古錢、四二三〉(註1)、□〈古錢、四一五〉、□〈古錢、四九二〉、□〈古錢、四一六〉、□〈古錢、四一三；四一八；四一九；四九三〉、□〈古錢、四二一；四二二；四一四；四一七；四二〇〉，晉易一釿布作□〈古錢、一九九〉，陰晉一釿布作□〈古錢、二七二〉，陰晉半釿布作□〈古錢、二七〇〉形。劉心源以□即孖，象到子之形(註2)。林義光言「晉」者，臻之古文，至也。古作□，象兩矢集於〇形，與至同意。〇，正鵠也。亦與臸同字。訓進者，同音假借(註3)。而楊樹達云「晉」者，「箭」之古文也，蓋□象兩矢插入器中之形，儀禮、大射儀：「幎用錫若絺，綴諸箭。」鄭注：「古文箭作晉。」又周禮夏官職方氏云：「楊州，其利金錫竹箭」，鄭注：「故書箭為晉」，杜子春曰：「晉當為箭，書亦或為箭。」(註4)魯實先先生則以晉之初文，乃以日光上射之形而示日出上進之義，其上體之𠄞以象日光之形，非從二矢。於六書為從日之合體象形，其本義乃謂日出於地上進中天之象，非取於萬物孳進之義(註5)。說文七上日部云：「晉，進也，日出而萬物進。从日从臸。易曰：『明出地上晉』。」叢諸甲、金文，晉字形構皆从二矢从日，釋「臻」釋「箭」之初文，皆於形義不類；釋日光上射，則於初形憭然可疑。字於彝銘蓋用為侯國之稱。晉之始封本號唐，史記晉世家第九卷三十九載唐叔虞者，周武王子而成王弟，始封於唐，唐在河汾之東，方百里，而唐叔子燮，是為晉侯。蓋以其徙居晉水傍，故改曰晉侯。是晉公𥂴銘云：「晉公曰：我皇且𠭯公，膺受大命，左右成王。」(三代十八.十三)按𠭯、唐一字，𠭯公即唐叔虞。此器銘著「晉公之車」四字，蓋言晉國君王所用之車器。

四、著錄：

1. 巖窟下、五二
2. 河南賸稿圖四八、一四二頁。

右車軎二，傳輝縣出土，曾見之廠肆，尺度未詳。攷其形製，殆暢轂也。按：約轂之飾分三截：曰輨，曰軧，曰軝，其長轂則曰暢轂。詩小戎：「文茵暢轂」，箋云：「暢轂，長轂也。」疏：「長轂之戎車也。」是器無文飾，銘四字，在轂之外緣，蓋晚周器也。

五、註：

1. 參見古錢大辭典四二二圖，簡稱「古錢、四二二」，下仿此。
2. 參見奇觚卷三、十八－十九頁格伯敦。
3. 參見文源
4. 參見金石一三－一四頁釋晉。
5. 參見說文正補八○－八三頁晉。

第十二節 筩

說文五上竹部云：「筩，斷竹也。从竹甬聲。」文選潘岳笙賦：「越上筩而通下管。」漢書律曆志曰：「制十二筩以聽鳳之鳴。」故筩或以為樂器。本書著錄筩銘僅旅圓筩器一耳。

一、銘文：

535 旅圓筩器

535

二、隸定：

旅、

三、考釋：

此旅方或旅氏所作之器，詳見本書一八六旅尊一考釋。

第十三節　桶

說文六上木部云：「木方受六升，从木甬聲。」廣雅．釋器：「方斛謂之桶。」今則圓木器稱桶，用以為量器。本書著錄桶器僅亙三桶器一器耳。

536 亙三桶器

一、銘文：

536

二、隸定：

引 亙 子阝

三、考釋：

此三楯器鑄銘，彝器鮮見，且隨圓雕鏤，或有闕損，未審其形音義。銘末一字，或从子从邑。以銘文未完，其義難曉，待考。

第十四節　節

節者，使者所執以示信也。周禮秋官小行人云：「掌達天下之六節：山國用虎節，土國用人節，澤國用龍節，皆以金為之；道路用旌節，門關用符節，都鄙用管節，皆以竹為之。」同書地官掌節亦云：「掌守邦節而辨其用，以輔王命。守邦國者用玉節，守都鄙者用角節，凡邦國之使節：山國用虎節，土國用人節，澤國用龍節，節皆金也。門關用符節，貨賄用璽節，道路用旌節，皆有期以反節。凡通達天下者，必有節以傳輔之，無節者有幾則不達。」本書所箸錄之節，乃山國所用之虎節，考其形制，適與禮書冥合。

537 王命傳賃節

一、銘文：

（見後頁）

二、隸定：

王命傳賃。

三、考釋：

本節作虎形者，蓋山國所用之節，同銘又見一龍節（三代、十八、三十六）。「

537

王命」者，節蓋以輔王命也(註1)。「傳」者，或釋道，或釋惠(註2)。或釋𨗉，言滯礙不行也(註3)。考甲文傳字作𠊊(後下、七、十三)形，說文八上人部云：「傳，遽也。从人專聲。」字皆从人專聲，「傳」轉亦由專得義，匪唯以之為聲也。專為紡專，為陶鈞，皆運轉不息者，乘傳者亦類之也，疑即與專同字。」(註4)傳義本即周禮、行夫掌邦國傳遽之傳，引而文書亦謂之傳，展轉傳遽亦謂之傳。「賃」者，舊釋作寶作傃(註5)，唯於形不類，高田忠周釋「賃」(註6)。說文六下貝部云：「賃，庸也。从貝任聲。」段注：「凡傭僦皆曰庸曰賃。」蓋謂傭賃也。王命傳賃者，蓋言奉王命以傳遽其傭賃之節信也(註7)。

四、註：

1. 參見周禮、地官、掌節文。
2. 參見奇觚卷十一、七頁漢龍節引。
3. 參見劉心源、奇觚卷十一、七頁漢龍節說。
4. 參見李孝定、甲文集釋第八、二六五五頁。
5. 參見古籀篇九十九第三七頁引。
6. 參見古籀篇九十九第三七頁。
7. 按：許學仁、先秦楚文字研究九四頁、九五頁言「王命：命傳賃，一檐飤之。飤之。」言當時征賦狀況者甚明。

第十五節　錢

說文十四上金部云：「錢，銚也。从金戔聲。書曰：罰百錢。」又：「鋝，十一銖二十五分銖之十三也。从金寽聲。周禮曰：重三鋝。北方吕二十兩為三鋝。」錢、鋝皆古衡器名。本書著錄官錢僅一器耳。

538 官錢

一、銘文：

538

二、隸定：

□之官□

三、考釋：

此器銘筆纖體瘦，橅拓易失，難於辨識，从闕待考。

第十六節　權

廣雅、釋器：「錘謂之權。」禮記、月令：「正權概」，注云：「稱錘曰權。」權者，所以平輕重也。又漢書、律曆志上：「權者，銖兩斤鈞石也，所以稱物平施，知輕重也。」本書著錄權銘凡二器。

539　三匧權

一、銘文：

539

二、隸定：

三匧□□吉。

三、考釋：

此權銘五字，依稀可辨「三匧」「吉」三字，三乃積畫而成之數目名詞，於此或作國名，為三矦所作之器。唯其銘文已然不具，無由窺其全豹，從闕待考。

一、銘文：

540 五年司馬成公權

540

二、隸定：

五年司馬成公□□□□在[文+斗]畀下庫夲□□不三□禾石二公石胡平一石。

三、考釋：

此器銘紋纖筆細，不易辨識。五年，記時之文。司馬，官名。成公，作器者之名。文殘語斷，難以究詰，故闕以俟來哲。

第十七節 鍵

說文十四上金部云：「鍵，鉉也。从金建聲。一曰車轄（各本作「鎋」）。」段注：「謂鼎扃也。以木橫關鼎耳而舉之，非是，則既炊之鼎不可舉也，故謂之關鍵。引申之為門戶之鍵。」又爾雅序：「六藝之鈐鍵」，釋文：「鍵，轄也。」本書著錄鍵銘唯睘鍵一器耳。

541 睘鍵

一、銘文：

541

二、隸定：

睘 

三、考釋：

此器銘「睘肘」二字。上文「睘」字，又見睘卣（三代十三、四十）、睘盨（據古二之一、二六）、伯睘卣（三代十三、二九）、睘小器（三代十八、四）諸器之銘，而卜辭則未見。徐同柏釋「面」，象面有囟、有眉目、有口有耳之形（註一）。潘祖蔭謂象子在懷抱之形，乃為「裹」字初義（註二）。馬叙倫釋為「環」字，以ㄨ即手也。上ㄟ與ㄩ為衣字，而〰與○連，為叀之省變（註三）。諸家之說，未足手信。郭沫若則以「睘」即玉環之初文，象人之衣當胸處有環也。从目，示人首所在處，小篆誤作睘。說文四上目部云：「睘，目驚視也。从目袁聲。」其訓已非本義，釋形亦失(註4)。張日昇言从目褱聲。褱象衣當胸有璲(註5)。殆以張說為近是。字於金文用為人名，名詞；字或孳孔為環，若番生𣪘(三代九.三七)所作之形是也。下文未識，闕。

四、註：

1. 參見从古卷十三、二六頁周伯偭卣。
2. 參見攈古一冊二八頁伯褱卣。
3. 參見刻詞一三九頁白擐卣。
4. 參見金文攷二一九頁釋共。
5. 參見金詁卷四、二一一二頁。

第十八節 鐶

夫鐶者，正字通言凡圜郭有孔可貫繫者謂之鐶。鐶與環通，說文一上玉部云：「環，璧肉好若一謂之環。从王睘聲。」又爾雅.釋器：「肉好若一謂之環。」李注：「其孔及邊肉大小適等曰環。」本書所著錄鐶器僅㕣鐶一器耳，其形制正作肉好若一之狀。

一、銘文：

542 㕣鐶

二、隸定：

𠔁□分□

542

三、考釋：

此鐶銘依圓刻鏤，雖為四字，可辨者僅二。「𠔁」字未審何義。銘第三字或為「分」字，甲文分作𠔁（藏·三八·四）、分（前·五·四五·七）、分（甲編二三四）形，金文作分鬲攸比鼎（三代·十·四五）、分大梁鼎（三代·三·四三）形，說文二上八部云：「分，別也。从八从刀，刀目分別物也。」高鴻縉言八本意為分，借為數目之八後，乃加刀為意符作分，以還其原（註1）。此銘文不全，無法通讀，待考。

四、註：

1.參見字例三篇六九頁。

第六章　兵器

原始人類，工兵不分，石器即兵器。今傳世古兵，多以銅制，皆先秦及漢初物也。本書所著錄之兵器，計有戈二十八器、戟十四器、矛一器、劍十七器、斧二器、干二器、鏃一器、鐏一器，凡六十六器。

第一節　戈

戈為句兵或啄兵，即用以鉤挽敵人並啄刺敵人之裝柄長兵。鉤敵人之頸項而致其死，或鉤近而以短兵砍斃之，故謂之句兵。從上啄下入人頭，或從旁橫啄入人腰，故謂之啄兵，勾與啄為戈之基本效用，而並無直刺之能力，是以戈非刺兵。

戈之部位名詞有三：曰援，即平出之刃，用以鉤啄敵人者；曰胡，即直下之部分，有孔用以貫索以縛於柄者；曰內，即援後短柄，用以穿入長木柄，中端亦有孔貫索縛於長木柄之上端，使戈體堅牢著柄而不左右移者，其安置之法如下：

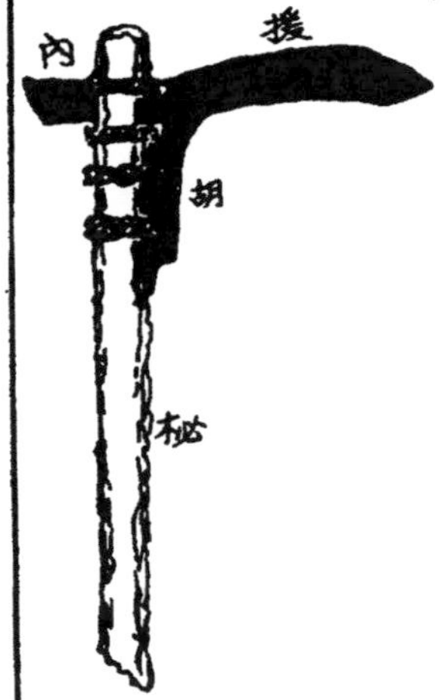

戈之形制多變，就刃形言，晚周之戈，大氐內末有刃者居多。就孔（穿）洞而言，戈愈晚則其胡上之穿孔愈多，孔洞均作長方形，茲附商、周、戰國銅戈之形式變遷略圖如下：

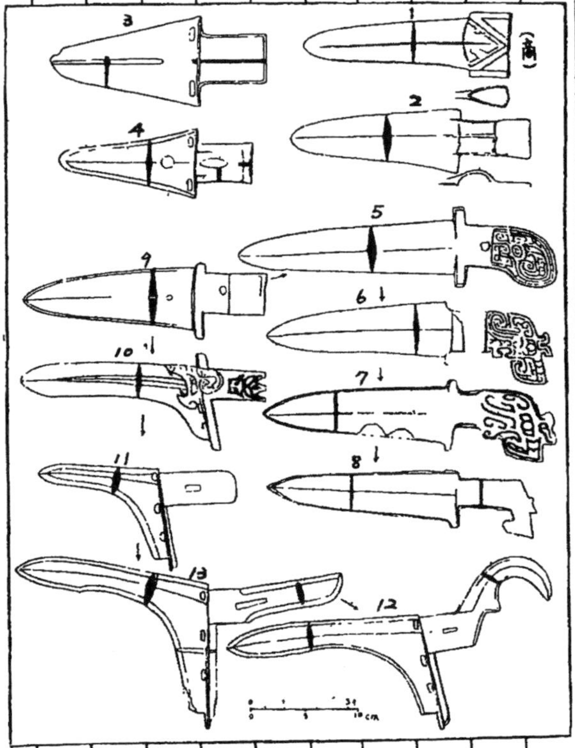

1. 商戈，然非正體。

2 以銎受柲之戈，近於瞿。

4.5.6 乃商戈正體，以內安柲

6.7.8 商戈，係殉葬之明器。

10 胡體較長，援亦較長而下曲，已由商戈演進至周戈初形。

11 乃周戈及春秋、戰國銅戈之普通形式，唯援特細短，胡內過寬

12. 戈之內作鉤形，乃雞鳴戟

13 內末有刃之戈，最進化之戈

商殷句兵，其內上大都有銘，刻體完整，手工精美。周戈進化，胡長而內且有刃，故玉援漸廢，其銘或刻於胡上，或刻於內上。戰國之戈，雕鏤鑲嵌，尤為精美，其華麗亦勝於商戈，或有錯以黃金者，其內上或鏤刻鳥篆文。本書著錄之戈銘凡二十八器。

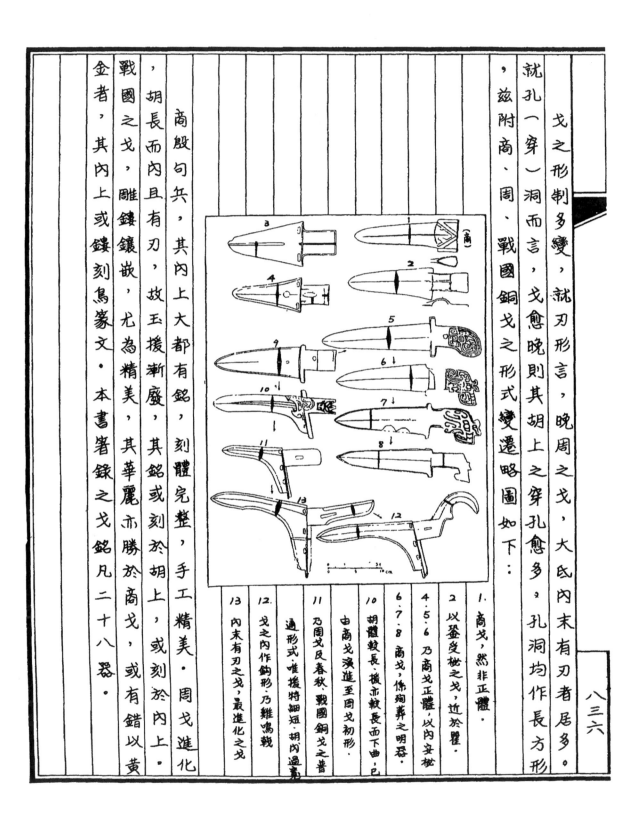

一、銘文：

543 戈

543

二、隸定：

矛

三、考釋：

銘又見 戈（三代．十九．十六），同文異笵。李孝定疑為「辛」字（註1）。王永誠釋作「矛」，象其一鋒而著矜冒之形（註2）。辛字甲文作平（藏．三．四）、辛（拾．四．三）形，辛鼎作平（三代．二．十三）、子辛卣作辛（三代．十三．五六）形，本象刑具曲刀之形（註3）。其上平鑿，與此銘作下圓上尖者形殊，故此字以釋「矛」為長。

四、註：

1. 參見金詁附錄(一)五四三頁。
2. 參見先考五七五頁。
3. 參見郭沫若、甲研下冊釋干支十四頁下。

一、銘文：

544 戈

544

二、隸定：

𦏴

三、考釋：

此銘疑从羊从朋，「[illegible]」象羊首之形，「[illegible]」象串貝二系，合系成朋之形，「朋」蓋「䀚」之形譌。然未敢遽定，故闕。

四、著錄：

1. 巖窟下、四

545 𡚸戈

一、銘文：

545.1

545.2

二、隸定：

亞矣

三、考釋：

此乃亞矣所作之兵器，詳見本書四○亞矣鼎考釋。

四、著錄：

1、巖窟下、六、

546 虎戈

一、銘文：

546.1

546.2

二、隸定：

虎、

三、考釋：

此乃虎方或虎氏所作之兵器，詳見本書一一六虎殷考釋。

四、著錄：

1、鄴羽二下、一七、

547 戈

一、銘文：

二、隸定：

⿱屮八。

三、考釋：

「⿱屮八」字象節肢動物頭、眼、足、軀、歧尾之形。本義未詳，於此乃用為作器者之名。

547.1

547.2

一、銘文：

548 亦戈

548.1

548.2

二、隸定：

亦

三、考釋：

卜辭「亦」字作〈藏五·三〉、〈甲二·十六·九〉、〈前四·五六·二〉、〈菁二·一〉形，金文作毛公鼎〈三代·四·四六〉、卯𣪘盖〈三代·九·三七〉、召伯𣪘盖〈三代·九·二二〉、者沪鐘〈三代·一·三九〉形，說文十下亦部：「亦，人之臂亦也。从大，象兩亦之形。」亦从大从八，大象人正立之形

，八示兩亦之所在，於六書為指事。此銘正象其形，當為「亦」字。卜辭「亦」字或有作人名用者，若：「貞勿告于亦尹，八月。」〈卜．三七〉「貞㞢于亦尹十伐十牛」〈乙．八○二四〉，「貞亦尹祟王」〈乙．六三六三〉，「丙午卜貞：禀于大甲、于亦、于丁，三宰」〈續．一．一○．五〉等辭是。

此用為作器者之名，與契文正合。

一、銘文：

549 戈

549

二、隸定：

[牛比]

三、考釋：

字不可識，似从牛从比。闕。

一、銘文：

550 戈

二、隸定：

𤞞．

550

三、考釋：

此銘从二犬相對一物而吠，疑即「𤞞」字。說文十上犾部云：「𤞞，司空也。从犾臣聲。復說獄司空。」段注：「空字衍。司者，今之伺字，許書無伺字，以司為之。玉篇𤞞注云：『察也。今作伺、覗。』按希馮直以𤞞為伺、覗之古字，蓋用許說也。其字从犾，蓋謂兩犬吠守伺察之意。」審諸契文「𤞞」字作犾（前二、三、七）、犾（前四、十五、二）、犾（菁、十二）形，此銘正象「兩犬吠守伺察」之形，故疑為「𤞞」字。按：又一字獄獄（𤞞父丁卣 三代、十三、三），于省吾以契文地名有𤞞，而姬尊之姬从臣作𦣝，季宮父簠作𦣞，故釋為𤞞（註1）。唯𤞞乃後起形聲字，本銘殆為初文，用為作器者之稱。

四、註：

1、參見古雜七頁釋𤞞．

551—552 耳戈一～二

一、銘文：

551.1

551.2

552.1

552.2

二、隸定：

耳

三、考釋：

此戈銘从耳从兆，「兆」，吳其昌釋為兵器之「卯」(註1)。然與本書五五八、二象戈及六。三貯斧相較，知其或非文字，乃兵器戈戟類之紋飾。全銘當釋為「耳」字。

四、註：

1. 參見金文名象疏證五六二—五六四頁。

553 夒戈

一、銘文：

553

二、隸定：

駛。

三、考釋：

此駛方或駛氏所作之兵器，詳見本書三一三夐觚考釋。

554 旅戈

一、銘文：

554

二、隸定：

斿。

三、考釋：

于氏隸作「旅」，未允。字从㫃从子，為「游」字之初文，乃斿方或斿氏所作之兵器。

555 戈

一、銘文：

555.1

555.2

二、隸定：

三、考釋：

此銘獨見，字不可識，闕。

一、銘文：

556  鳥篆戈

556

二、隸定：

攻 鳥

三、考釋：

此銘上字未識，疑乃「攻」字；下字乃鳥篆之形，二銘為春秋戰國之際之鳥蟲書，曲折阿娜，修長可愛。

557  戈

一、銘文：

557.1

557.2

二、隸定：

⿱山水

三、考釋：

此戈銘上似从山，下疑从水，義未能明，故闕。

558  戈

一、銘文：

558.1

558.2

二、隸定：

豕  。

三、考釋：

此五五八、一器又見於獸形爵（花、十五、四），李孝定云：「豕形而腹部復着紋飾，未詳其義。」（註1）姑隸作「豕」字。背銘有如陽光之旋轉，惜未識何字，習見於銅器花紋，稱「圓渦紋」者是。

四、註：

1.參見金詁附錄(一)四六七頁。

559 䀠  戈

一、銘文：

559.1

559.2

二、隸定：

䀠 㲋

三、考釋：

此銘上从二目，當即「䀠」字。下作一獸形，吳大澂言犧形，

即禮所謂犧彝也(註一)。李孝定疑為「㲋」字(註二)。說文十上㲋部云：「㲋，㲋獸也。侶兔青色而大，象形。頭與兔同，足與鹿同。」此則象㲋之形，姑隸定作「㲋」字。本戈為明方或明氏名㲋者所作之兵器。

四、註：

1. 參見窓齋七冊、二十二頁雙目形犧形父丁設。

2. 參見金詁附錄(一)四六六頁。

一、銘文：

560 □戈

560.1

560.2

二、隸定：

鼎耒耒耒耒、(560.1)

鼎萬萬、(560.2)

三、考釋：

本戈銘正面作「□」字，字从四耒，乃耒之繁文。耒象農具之形，所以剌地起土者也。或釋「□」(註一)，非是。中為「鼎」字，鼎字古金文作□(鼎鼎 三代二·三)、□□(鼎卣 三代十三·三七)、□(鼎父己尊 三代十一·九)、□(卓林父簋 三代八·十四)、□(作父己鼎 三代三·八)、□

雍伯原鼎〈三代.三.四三〉形。說文七上鼎部云：「鼎，三足兩耳，和五味之寶器也。」此正象其形。白川靜言此作器者蓋掌神用農具之祝祓及庋藏之人（註2）。殆比傳誼。此蓋耒方鼎氏所作之兵器。

此戈背銘作「□」字，萬字契文作□〈前.三.三十.五〉、□〈後下.九.八〉、□〈甲三二.十三〉形，金文作□仲簋〈三代.七.三〉、□番君鬲〈三代.五.三八〉、□昇生簋〈周金.三.六四〉、□宅簋〈三代.六.五四〉、□牧師父簋〈三代.八.二六〉形，其構形孳繁，郭沫若言「萬」、「蠆」為一字，即蠍之象形文（註3）。沙孟海謂□象螯、□象身、□象尾毒鉤（註4）。萬於卜辭多用為方國之名。此或萬方鼎氏所作之器。

四、註：

1. 參見劉心源、奇觚卷八、三十頁背冊匜。
2. 參見作冊考三十頁，載中國文字四十冊。
3. 參見卜通七一頁。
4. 參見攈古錄釋文訂四。九。一四。九三頁。

一

561 羊戈

一、銘文：

561.1

561.2

二、隸定：

羊、（561.1）　耳、（561.2）

三、考釋：

此戈正背二銘乖異，一作「羊」，一作「耳」。羊字甲文作□（藏.十八.二）、□（前.六.二五.五）、□（後上.二二.十）、□（後下.二三.十三）形者，乃羊之象形。即說文四上羊部所云：「羊，祥也。从𦍌，象頭、角、足、尾之形。孔子曰：牛羊之字以形舉也。」皆用為牲名。或有作□（藏.九七.二）、□（前.四.四九.二）、□（後上.二四.十）、□（後下.四十.六）形，則大氐用為吉祥之祥。金文羊字多觀，作□（羊卣 三代.十三.三）、□（羊鼎 三代.二.二）、□（丁帚羊鼎 三代.二.三一）、□（孟鼎 三代.四.四二）形，林義光以□象尻著地形（註一）。馬敘倫則以羊尾肥大，掩其後竅，▼象其形也（註二）。此乃羊之異構。柯昌濟言左傳郲人有羊羅，宋有羊斟，是古代自有羊姓，漢魏時泰山羊氏為世族之一，羊氏乃兗州大族，或當其裔，或古有羊國（註三）。此戈為羊方或羊氏名耳者所作之器。

四、著錄：

1. 巖窟下、十七

五、註：

1. 參見文源。
2. 參見刻詞十二 | 十三頁羊爵。
3. 參見韓華壬嵩二頁。

一、銘文：

562 陽犾戈

562

二、隸定：

陽犾

三、考釋：

此戈銘上為「陽」字，契文作陽（前.五.四二.五）形，金文作陽（虢季子白盤 三代.十七.十九）、陽（弔姬鼎 周二.五九）、陽（異伯盨 錄遺.一七七）、陽（柳鼎 錄遺.九八）形，說文十四下阜部云：「陽，高明也。从阜昜聲。」下銘未識何字，闕。陽或為族名，下一字乃作器者之名。

一、銘文：

563 玄翏鳥篆戈

563

二、隸定：

玄翏。

三、考釋：

此戈銘作「玄翏」者，蓋著明其質分。玄者，黑而間赤之色也。翏即鏐之省體，黃金之美者謂之鏐。或以銅黃而黑，鏐即黑銅，又稱吉金、良金、美金。岑仲勉則言為鉛，似未妥(註1)。

四、註：

1.參見周鑄青銅器所用金屬之種類及名稱，載兩周文史論叢一一三一一一四頁。又有言中國古代利器，其為實用者，則銅、錫合金；其為明器儀飾用者，則為銅鉛合金，更雜以砒素及鐵，詳見道野鶴松、由化學上所見古代中國之金屬及金屬文化一文，載東方學報東京第四冊；又梅原、「由化學上所見中國純銅器時代之確認」質疑一文，載史學第十三卷第一號；又梅原末治、中國青銅器時代考四三一五〇頁。

564 攻敔王光鳥篆殘文

一、銘文：

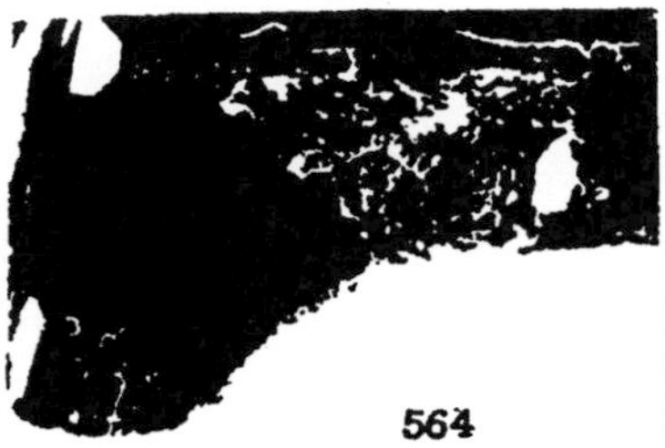

564

二、隸定：

攻自乍

三、考釋：

此戈殆吳國器。攻敔、勾吾、句吳、攻吳、工𫍙，皆「吳」之別稱，蓋古人長言之為「攻敔」，短言之即「吳」也。此為殘文，存「攻自乍」三字，于氏言為攻敔王光鳥篆殘銘，「光」即吳王闔閭，乃其自作之用戈。吳、越鑄器，蓋以兵器為最多，亦以兵器為著名。

一、銘文：

565 洎之田戈

565

二、隸定：

洎之田戈。

三、考釋：

此戈銘首作「洎」，未識。以辭例推之，或侯國之稱，或作器者之名。兵器之戈，彝銘率作「用戈」，無作「田戈」者，此戈或專為田獵之用。

566 郱之新都戈

一、銘文：

566

二、隸定：

郱之新都。

三、考釋：

此戈銘于氏自隸為「郱之新都」，考郱於甲文作□〈前四、七、三〉、□〈乙、六九七八〉，金文作□克鼎〈三代四、四十〉、□齊仲姜鎛〈三代一、六六〉、古鉨作□〔註1〕，侯馬盟書作□，魏石經古文作□〔註2〕形，與此形殊，故从容庚釋「郱」〔註3〕，唯於說文等字書無徵，於此或用為侯國之稱。「新」字見甲文作□〈甲編、二一二三〉、□〈佚、一二〇〉、□〈甲編、二六三〇〉、□〈乙、四六〇三〉形，金文作新師遽𣪕〈三代八、五三〉、新臣卿簋〈三代六、四八〉形，與小篆無殊。說文十四上斤部云：「新，取木也。从斤亲聲。」高田忠周言「亲」為古「榛」字，榛、栗蓋亦細木，薪柴者也。然則新从斤亲，形聲兼義，殆為古「薪」字〔註4〕。李孝定則云：「从斤从木，辛聲。」〔註5〕說可从也。卜辭有「新寵」、「新宗」、「新大星」、「新豐」之詞，而金文有「新邑」鼣尊〈三代十一、三二〉、「新宮」師遽簋〈三代八、五三〉、「新金」邛大弔斧〈三代二十、五一〉之語。爾雅、釋言：「新，初也。」知新與故，新與舊相對（註6）。詩魯頌閟宮：「新廟奕奕」，悉不取其本義，言新，則有其故舊在焉。此「新都」當有別於「舊都」，殆郕之新都成，造戈以紀其竣工。

四、註：

1. 參見古籀補補卷六、九頁。
2. 參見侯馬盟書三〇九頁；又魏三體石經殘字集證一二六頁。
3. 參見金文編卷六、二五下。
4. 參見古籀篇二六第四〇頁。
5. 參見甲文集釋第十四、四〇九七頁。
6. 穀梁定元年傳：「言新有舊也。」廿年傳：「言新有故也。」

一、銘文：

567 子賏鳥篆戈

567

二、隸定：

子賏之用戈。

三、考釋：

子賏者，說文六下貝部云：「賏，頸飾也。从二貝。」作器者之名，疑即秦始皇孫，扶蘇子之「子嬰」。趙高弒二世，立二世之兄子公子嬰為秦王，子嬰刺殺高於齋宮。子嬰為秦王四十六日，沛公破秦軍，子嬰以組係頸，白馬素車，奉天子璽符降軹道旁，為項籍所殺，事載史記卷六秦本紀。此則子賏所自作之用戈。

四、箸錄：

1.金文集(四)圖四九一子賏戈，六六頁；釋文一〇一頁。

一、銘文：

568 □㞢戈

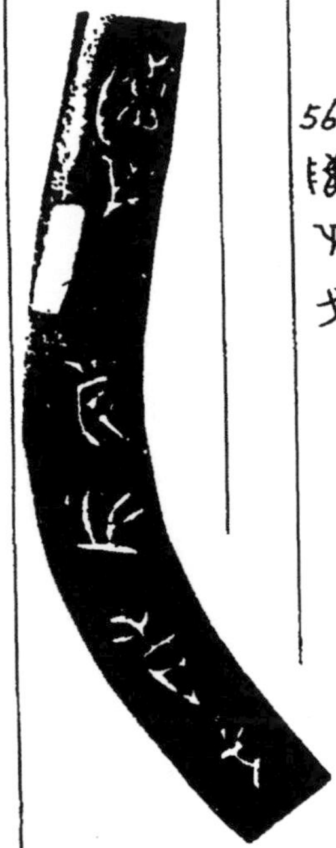

568

二、隸定：

□□□之告戈。

三、考釋：

此戈銘前三字，未識，當用為作器者之名。「之告」義猶「所造」，之造二字，春秋戰國兵器銘文凡十三見(註1)，皆訓所造(註2)。唯經傳注疏，未嘗有以「之」訓「所」之例，之或係語詞，無義，而此銘假「告」為「造」字。

四、著錄：

1.巖窟下、三七。

五、註：

1.戈、戟、鐵文中用之造者，見積古八卷十五頁，十六頁；又三代十九卷、三十九、四十、四十八頁；二十卷十一、十三、十九、二十一、二十六、六十頁；及錄遺五六八號。

2.參見陳邦懷、金文叢考三則相邦義戟，文物一九六四年二月、四十九頁。

569 邗王是埜戈

一、銘文：

569.1

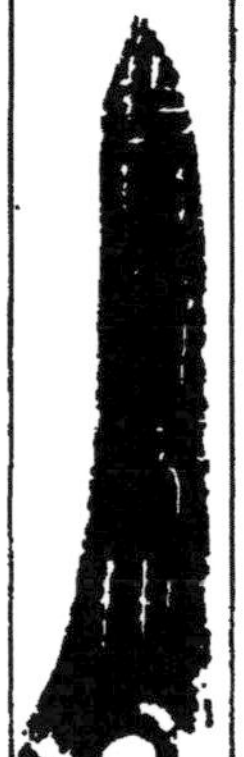
569.2

二、隸定：

邗王是埜，作□□用。

三、考釋：

此戈銘正背合成全文。「邗」乃國名，又見禺邗王壺（柯十二）作邗形，說文六下邑部云：「邗，國也。今屬臨淮。从邑干聲。一曰邗本屬吳。」玉篇曰：「邗，吳城名。」故楊樹達曰：「經傳多稱吳為干，莊子．刻意篇云：『夫有干越之劍者。』荀子．勸學篇云：『干越夷貉之子生而同聲。』干越即吳越也。邗為國邑之名，字从邑為本字。經傳假干為邗，省形存聲耳。」(註1) 按管子．小問篇：「昔者吳、干戰，未齓，不得入國門。國子擿其齒，遂入……。」干即邗，後吳滅干，因稱吳為邗，然以吳自魯成公時，始載諸春秋，滅邗當在其前，故不載也(註2)。「是」字，契文未見，金文作是〈三代四．四六〉毛公鼎、是〈三代一．六二〉邾公華鐘、是〈三代十二．二八〉叏季良父壺、是〈三代四．九〉邻王鼎、是〈三代十二．二七〉林氏壺、是〈三代十八．三〉邻𦉜尹鉦、是〈錄遺．五四〉䜌書缶形。說文二下是部云：「是，直也。从日正。」高田忠周从之，言周禮．大司徒以土圭之法，正日景求地中，是字會意之恉亦可識矣(註3)。然或另闢蹊徑，林義光言「是」為「踶」之古文，跛不能行也。日象人首，止象手足跛倚弛緩不行之形(註4)。郭沫若以「是」為「匙」之初文，早象匙形，从又或一以示其柄手所執之處；从止，止乃趾之初文，言匙柄之端挂于鼎脣者乃匙之趾，故是與匙實古今字。「是」叚為是非若彼是字，而本義遂廢。古匙頭圓而柄直，故是引伸為正直(註5)。高鴻縉言「是」古文从手遮日光，从止，止為腳，而有行意，是之本意當為審諦安行(註6)。張日昇以萬作是↓是↓是，言是當擬作是↓是，疑「是」本蟲類，或即說文：「蝭，蝭鹿、蛁蟟」之蝭(註7)。當以郭說較允。「埜」字从林从土，即說文「野」之古文。說文十三下里部云：「野，郊外也。从里予聲。壄，古文野，从里省从林。」不作「予聲」

，則字當作「埜」，契文作𣏟(前四.三三.五)、𣏟(乙.三六〇)、𣏟(後下三.一)形，與金文同。玉篇林部埜字正言「古文野」，故「埜」字乃宋重修時所誤作也(註8)。此戈乃邘王是野所作之器，漢有「是盛」、「是還」(註9)即其例，陳夢家則以為即「吳王夷昧」(註10)。又背銘殘泐不全，存「乍」、「用」二字。

四　註：

1. 參見積微、一九二頁盂𠫑壺跋。
2. 參見陳槃譔異一冊七二－一七三頁。
3. 參見古籀篇六十二第四二頁。
4. 參見文源。
5. 參見兩攷二四〇－二四一頁釋邘氏。
6. 參見字例三篇十五頁。
7. 參見金詁卷二、八五六－八五七頁。
8. 參見羅振玉、增考中八頁下。
9. 參見隸釋；又後魏書有「是連」、「是婁」、「是賁」三氏。
10. 參見壽縣蔡侯墓銅器三三三頁。

570 郐王之子𨛜戈

一、銘文：

570

二、隸定：

䣄王之子□之元用之。

三、考釋：

䣄乃國名，卜辭以□為䣄(註1)。金文从邑从余作□(䣄王鼎 三代四.九)形，說文六下邑部云：「䣄，邾下邑。从邑余聲。魯東有䣄城，讀若塗。」然諸家皆以䣄即徐，故吳大澂謂：「周禮雍氏司寇注：『伯禽以出師征徐戎。』釋文劉本作『䣄』。䣄戎僭偁王，宜宣王伐之也。」(註2)柯昌濟亦以䣄王即徐君之僭稱(註3)。說文之涂，乃徐之譌。張日昇曰：「徐，金文作䣄，嬴姓。地理考實僖三年條云：『今江南鳳陽府泗州(今安徽泗縣)。北八十里有徐城，相傳為徐偃王所築。』齊、魯境內並有徐州，蓋徐氏之舊居也。」(註4)

「□」字未識，此銘用作人名，乃䣄王之子名。「元用」，與吳季子之子劍(攈古二之一.五七)銘：「吳季子之子逞之元用劍」辭例正同，又見秦子戈(三代.十九.五三)及秦子矛(三代.二十.四十)銘：「秦子作造公族元用」，「元用」一詞為兵器銘習用語，「元」當形容詞、副詞解，善也；「用」為器用之義。銘末「之」字，代名詞，擬諸吳季子之子劍，其格當「劍」，於此則用以代戈。

四、註：

1. 參見李孝定、甲文集釋第六、二一七一頁。

2. 參見古籀補三十六頁。

3. 參見韡華壬篇五頁下。
4. 參見金詁卷六、四一二九頁。

第二節 戟

夫戈戟夙為中華民族特有之兵器，說文十二下戈部云：「戈，平頭戟也，从弋、一衡之，象形。」又「戟，有枝兵也。从戈榦省。周禮：戟長丈六尺。」廣雅釋器：「戈，戟也。」故有謂戈戟實係一種兵器，戈為至古之原始器，而戟乃戈之演進物。然戈、戟當有別，程瑤田、通藝錄、冶氏為戈戟考云：「內有刃者為戟，無刃者為戈。」郭寶鈞、戈戟餘論云：「蓋戈戟之辨，在有刺無刺之分，無刺為戈，有刺為戟。」蓋以戈上加矛，即可成為直刺之戟；而內末成刃，如枝旁出，即可為旁割之戟，亦即許氏訓為有枝兵之戟也。其別如下圖所示：

本書所著錄之戟銘凡十四器，銘文大氐在內，或在援，或在胡。

571 鄆戟

一、銘文：

571

二、隸定：

鄆。

三、考釋：

此戟銘从軍从邑，說文六下邑部云：「鄆，河內沁水鄉。从邑軍聲。魯有鄆地。」春秋文十二年經：「季師行父帥師城諸及鄆。」又左成十六年傳：「公還，待於鄆。」又昭元年經：「二月取鄆。」十三洲記云：「魯有兩鄆，昭公所居者為西鄆；莒、魯所爭者謂之東鄆。」又廣韻去聲三十二問云：「鄆，邑名，又州名。魯太昊之後，風姓。禹貢兗州之城，即魯之附庸須句國也。秦為薛郡地，漢為東平國，武帝為大河郡，隋為鄆州。亦姓，魯大夫食采於鄆，後因氏焉。」此銘之鄆，或為方邑之名，或為作器者之名，二者均有可能，姑存二說以待方家正之。

四、著錄：

1、巖窟下、四五。

572 齊戟

一、銘文：

572

二、隸定：

齊王長之□

三、考釋：

此乃齊國之戟，于氏於錄遺目錄中隸定為「齊戟」，下注「三字」，唯以銘拓觀之，則應存五字，作「齊王長之□」，「長」蓋為齊王之名。

573 童[illegible]戟

一、銘文：

573

二、隸定：

戉王之童□。

三、考釋：

此戟亦越王所作之器。童下一字从甘，未識。說文三上䇂部云：「童，男有辠曰奴，奴曰童，女曰妾。从䇂重省聲。」

一、銘文：

574 𡘇共畀戟

574

二、隸定：

𡘇共畀□朱

三、考釋：

此戟銘係陽識。銘首从牛从㠯，隸定作「𡘇」。「畀」字从田从又，說文所無，經籍亦無徵，本義未詳，闕。

一、銘文：

575 雍王戟

575

二、隸定：

雍王六所馬。

三、考釋：

「雍」乃國名，卜辭已有雍地，若：「辛酉卜貞：王田雍，往來無災」（前二・三六・四）是也。陳槃云：「古器有邕王戟，見于省吾、商周金文錄遺編號五七五，其邑字作售，金文中此書法僅有，而卜辭則習見，殷虛書契二、二八；四、二九；後編下二所收，商錫永殷虛文字類編以為即雍字也。」(註1)「六」字又見緻恖君鉼(三代十八．十五)、子禾子釜(三代十八．二三)。說文五上丌部：「丌，下基也。荐物之六，象形。讀若箕同。」容庚引三字石經君奭(註2)，以為「基」之古文(註3)。方濬益言墨子書其字多作亣(註4)，亣與丌同(註5)。而古匋作亓，鉥文作丌，由此徵知乃假丌為基字古文，或為雍王之名，與「攻敔王光」之辭例同。或作「其」，用為代名詞。銘末「馬」字，與郾侯簋(攈古二之三．六六)之馬作㐂形者同。「雍王丌所馬」，文簡辭晦，誠難解其意指。

四註：

1. 參見誤異四冊三二六頁。
2. 尚書君奭：「厥基永孚之休。」石經古文作丌，參見呂振端、魏三體石經殘字集證一一〇頁。
3. 參見金文編卷五、七頁下。
4. 王筠曰：「丌讀若箕同。案丌益同箕之古文其。穆天子傳：赤烏之人其，凡兩見；赤烏之人丌，一見；又丌字兩見，皆一人也。玉篇其下有古文亣，蓋亦即此字。墨子書其字，多作亣，多一筆者，所謂古文从一，篆文从二也。」參見說文釋例，詁林二〇〇三頁引。

5. 參見綴遺卷二十六、十一頁欽罍。

一、銘文：

576 鳥篆戟

576

二、隸定：

□□□□□□

三、考釋：

此器銘稍泐，斷滅不清，字複高古，正合黃庭堅所謂：「泥金六字，字家不能讀，蟲書妙絕，於今諸家，未見此一種」（註一）者也。唯此銘作鳥篆，非蟲書。闕。

四、註：

1. 參見山谷文集卷二十八，跋李伯時所藏篆戟文。

一、銘文：

577 滕司徒戟

577

二、隸定：

滕司徒□□用□。

三、考釋：

「滕」，國名。又見滕侯𩰫簋（三代、八、九作毀）、滕虎簋（三代七、二九）、滕侯昊戟（三代二十、十三）、滕侯耆戈（三代十九、二九）諸器，字皆从舟从关从火作[illegible]，說文所無，義亦未詳。阮元釋「然」（註1），孫詒讓謂从朕从火，蓋「滕」之異文（註2）。而于省吾（註3）、王國維（註4）則釋為从火朕聲，即滕薛之「滕」字。高田忠周以下當从山作「賸」（註5）。陳槃言媵即滕即滕（註6），和滕、𦩍同（註7）。眾說紛紜，莫衷一是，字隸為媵或滕，或如容氏所云春秋滕侯，文王子叔繡之後，滕乃滕之譌（註8）。疑不能決，或是彝銘作「媵」，經傳作「滕」，滕則與周同為姬姓，乃周之同姓之國，故孟子、滕文公上：「吾（滕）宗國魯先君莫之行，吾先君亦莫之行也。」趙注：「滕、魯同姓，俱出文王，魯，周公之後；滕，叔繡之後。」朱註：「滕與魯俱文王之後，而魯祖周公為長，兄弟宗之；故滕謂魯為宗國也。」此戟乃滕司徒所作之器。

四、註：

1. 參見積古卷七然虎簋。
2. 參見餘論卷二第十三頁鄦伯御戎鼎。
3. 參見雙選上釋四頁滕虎毀蓋。
4. 參見觀堂二七一～二七二頁釋滕。
5. 參見古籀篇十三第一二頁。

6. 路史國名紀戊作「滕」，又後紀卷九下、五頁上同。

7. 參見譔異一冊三二頁。

8 參見金文編卷十、六下。

578 陳眚戟

一、銘文：

578

二、隸定：

陳眚□□□□□□。

三、考釋：

此器銘樵拓未憭，誠難曉辨。于氏自隸「陳眚戟」，陳為國名，「眚」或作人名用。

579 四年戟

一、銘文：

579

二、隸定：

四年□□□□□□□□□□。

三、考釋：

此戟銘露首藏尾，于氏言「四年戟」，蓋為四年所作器。而下則銘文未完，闕。共十二字，與四年相邦戟（三代、二十、二六）可互參，殆係同年所作之器。

一、銘文：

580 □旨戟

580

二、隸定：

日右旨命馬□厘夫高反左□□。

三、考釋：

此器銘文稍泐，字且漫淹，辭亦聱牙，闕。凡十三字。

一、銘文：

581 八年戟

581

二、隸定：

□八年成大司常□□宋之□庶造。

三、考釋：

此器銘十四字，蓋為八年所作器。銘文未全，闕。

一、銘文：

582 元年戟

582.1

582.2

二、隸定：

元年□□無弁□□□弁玥門瓜。（582.1）□其。（582.2）

三、考釋：

此戟乃元年所作之器，唯銘文不全，闕。正背銘文凡十五字。

一、銘文：

583 三年戟

583

二、隸定：

三年上藏田之造□□□□□正成□□。

三、考釋：

此戟蓋三年所作之器。唯銘殘語斷，闕。凡十六字。

584 十三年戟

一、銘文：

584

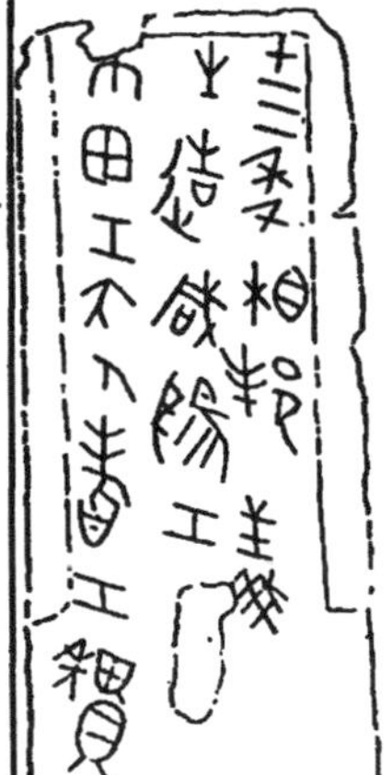

（附圖一）

二、隸定：

十三年，相邦義之造，咸陽工帀田，工，大人耆工穨。

三、考釋：

此戟已殘，僅存內，刻字三行，唯錄遺所據拓本不精，銘文模糊，不能通讀。茲據耿朝珍拓本，陳邦懷摹寫，補苴拓本之未善（附圖二）。

「相邦義」者，當讀相邦儀，即秦相邦張儀也。知此戟文「義」當讀「儀」者，左昭六年傳：「徐儀楚聘于楚」，而𨚕王義楚鍴云：「𨚕王義楚擇余吉金，自作祭鍴」（大系一七○）。同人所作另一祭耑云：「義楚之祭耑」（三代十四、五三）。此為金文作義，而典籍作儀者也。王孫鐘：「惄于威義」（三代一．六三）。沇兒鐘：「惄于威義」（三代一．五三）。叔何父毀：「秉威義」（三代九．十三）。以上三銘「威義」皆讀為「威儀」，此亦為金文作義，而典籍作儀者也。周禮、春官、肆師：「治其禮儀」，鄭注：「故謂儀為義，鄭司農讀為儀」。綜上舉諸例，證知金文儀皆作義，故謂儀亦作義，然則此戟義當讀儀，可無疑問。

「十三年」者，史記、秦本紀：「惠文君十年，張儀相秦。……十三年，……使張儀伐取陝」。史記、六國表：「秦惠王五十年，張儀相，十三年，相張儀將兵取陝」。據此，知戟文十三年或為秦惠王十三年。

「之造」者，此「之」字當訓「所」，「之造」即「所造」。「之造」二字，前人多不解其意。阮元云：「余所見戈有曰：羊子之艁（造）戈、郘大□□之艁（造）戈。然則『之造戈』之文，古人屢用之矣」（註2）。阮元既言「之造戈」之文古人屢用之，唯未說明其意，是不憭「之造」之「之」字訓「所」也。至于經籍中「之」字用作「所」者，亦不鮮見，茲不備舉。（註3）

「咸陽工帀田」者，「帀」字原闕上一筆，僅存巾，今以廿一年相邦冉戟：「雝（雍）工帀口」證之（三代二十．二三），知是「帀」字。「工帀」當讀「工師」，工師乃工人之長。「工師田」，田為工師之名，禮記、月令：「物勒工名，以考其誠。」鄭注：「

勒，刻也，刻工姓名于其器，以察其信，知其不功致。」

「工，大人耆工穳」者，依春秋以后物勒工名之通例，此句刻「工穳」二字即可，而此複沓架屋，必有其意。蓋「工」一字句，「大人耆工穳」五字句，「大人耆工」猶今言有經驗之老工人也。說文八上老部云：「耆，老也。」爾雅釋詁：「耆，長也。」亦其明證。「穳」乃大人耆工之名。或釋「穨」（註十），未允。

四、註：

1. 戈、戟、鐵文中用「之造」者，參見本書五六八器所引。
2. 參見阮元．積古卷八．十三頁。
3. 經籍中「之」字用作「所」者，參見古辭虛字集釋七三五頁。
4. 參見陳邦懷．金文叢考三則．相邦義戟，載文物一九六四年第三期。

第三節　矛

矛，刺兵屬，考工記盧人云：「凡兵，句兵欲無彈，刺兵欲無蜎，是故句兵椑，刺兵摶」，鄭注：「句兵，戈戟屬；刺兵，矛屬。」句謂橫擊，刺謂直傷，說文四下刀部云：「刺，直傷也。」矛形略似箭鏃而大，及脊隆起，脊兩旁微陷，以通空氣，取其飲刃而助拔，骹為筩狀，中空用以冒矜（即柄），上有穿，可資貫釘以固之。又銎外骹刃間，兩旁各有一耳，用以繫英。詩魯頌閟宮：「朱英綠縢」，傳云：「朱英，矛飾也。」傳世之矛不如戈多，而其形制由殷商以迄戰國，略無變異，唯大小有別耳。本書所著錄之矛唯郾右軍矛一器耳。兵車之法，左人持弓，右人執矛，中人御也。

585 郾右軍矛

一、銘文：

585

二、隸定：

郾右軍

三、考釋：

「郾」者，用為國名，即經籍所載之「燕」。「右軍」者，夫卜辭有𠂤無軍，商代軍制，蓋以「師」為單位〔註1〕，金文「軍」

字始見於庚壺（錄遺二三二），銘云：「齊三軍圍□」，其器已近東周末簡王之世，而兵器若䜌左軍戈（三代十九、三三）。陰晉左軍戈，匽侯左軍戈，十八雍左軍戈，卅三年左軍戈（註2），朱左軍矛（三代二十、四三），十年上軍矛（三代二十、四一），奠右軍戈（三代十九、五三）諸器，亦多屬春秋末年之物，由是言之「軍」之起源甚晚，其編制殆由春秋以來，列國間因應時勢所發展出之軍旅編制，國語齊語記載管仲相齊，其制國以萬人為一軍，作三軍之制，至齊靈公時（公元前五八一－五五四）亦因仍不變，叔公鎛云：「政於朕三軍」（三代一、六六）是：晉國三軍，乃晉滅翼侯後寖盛，如左莊十八年傳載：「王使虢公命曲沃伯以一軍為晉侯」，至閔公元年則：「晉侯作二軍」，越三十二年，至僖公二十七年：「晉侯蒐於被廬作三軍」；而至襄公十一年（公元前五六二）魯國亦有三軍矣。故左襄十四年傳載：「成國不過半天子之軍，周為六軍，諸侯之大國，三軍可也。」周禮、夏官、司馬云：「凡制軍，萬有二千五百人為軍。王六軍，大國三軍，次國二軍，小國一軍」，六軍之制，殆春秋戰國斯存，西周軍制，殆有師無軍，可於金文、詩經（註3），及史傳中證明。

考軍制典籍尚分「左軍」、「右軍」、「中軍」，若國語、晉語一：「古之為軍也，軍有左右，闕從補之」，又吳語載吳晉黃池之會亦言「左軍亦如之」，「右軍亦如之」；楚語下，吳越笠澤之戰云：「越王乃中分其師以為左右軍，以其私卒君子之千人為中軍」者是，其別蓋以卒伍之方位而區分。唯左軍又稱上軍、下軍，如國語、晉語四：「使欒枝將下軍，使狐毛將單上軍」（註4），金文亦有十年上軍矛（三代、二十、四二）可證，本銘載燕國亦有「右軍」之制，則可補苴史傳之闕。

四註：

1、參見丁山氏族方國志之一一之二頁。

2、以上諸器參見金祥恆，從甲骨卜辭研究殷商軍旅中之王族三行三師十四頁引，

3、按：詩大雅、常武：「整我六師」，文王：「六師及之」，小雅，瞻彼洛矣：「以作六師」，皆言「師」而不言「軍」。

4、又見左僖二十七年傳同。

第四節　劍

劍之起源甚晚，初期銅劍，其始形應略如未成形之銅矛頭，體式極為短小，僅有短平莖，而並無管筩。古人乃用此種短劍揷腰，以之禦寇禦獸，可劃可刺，其兩面有刃，短莖雖不安柄，亦可握於掌中，憑腕力以直刺向前，是已具劍之功能矣。

劍之部位，劍身曰本，係劍之主要部位，中有脊，刃削末曰標。手握處曰莖，後世劍莖，形極簡單，僅一鐵尾，與劍刃（本）同鑄，中穿二孔，兩面夾木，並以絲索纏繞，或飾以金銀銅玳瑁等質材，而周代劍莖則不然，有劍莖與臘與首，與劍刃鑄為一體，纏緱之後，中部容中指之二銅片，仍隱約突起，以便握持，其形狀或實體而後圓、空體圓筩形、扁平尾形、窓體形、凹體形、及六角形莖。莖端曰首，古劍無首，周代下半期之銅劍始有首，與莖、刃、臘同鑄，共為一體。身與莖間飾曰臘，亦稱劍格。古劍無劍格，迨至周代中期，筒形莖之劍，始漸有臘形出現，然形極細微，僅作一橫線形，其端均不離劍身。遲至下半期，考工記所載之周服劍，始有略向兩方突出少許之臘，已成為初期之劍格，後則漸格漸次獨立，自成一體，臘中隆者曰衛（即璏）。至周代後期，劍則有劍室（鞘），古劍則無室，逕揷腰際，貫索纏索以揷身或繫腰耳。晚周劍體漸長，劍柄漸大，劍刃較銳，雕鏤鑲嵌之風又盛，佩劍乃有室焉。

初期矛形劍，大概無首，無臘無後，僅有極短之莖，幾於不成為柄。其後莖加大加長，由桿形莖而演為桿形柄，再進為管形柄，更演為實莖有後有臘有首之柄，而劍身亦漸長。戰國之劍，臘愈加大而成為劍格，且精工刻鏤，間鑲松綠石及金銀，莖亦刻鏤鑲嵌，首則漸開用玉之風，故此期之劍，刃質極佳，各部之裝潢又美，頗為後世所重視。

劍銘刻鏤之處，或在劍身，或在劍格，今本書所著錄之劍，凡十七器。劍之形制，可由下圖窺其一斑：

越王劍（銅劍）

長一尺七寸一分。劍格左右，各銘王戉兩字，兩面文同。一九三一年秋，容庚氏得此劍於北平廠肆，鋒芒閃發，猶可殺人。今歸于省吾君，採入雙劍誃吉金圖錄中，猶依容氏舊說，謂為王戉劍，尚未知為越王劍也。

第二十八圖　劍格（臘）
上精刻鳥篆書之春秋戰國名劍
（見容庚著鳥書考、鳥書續考）

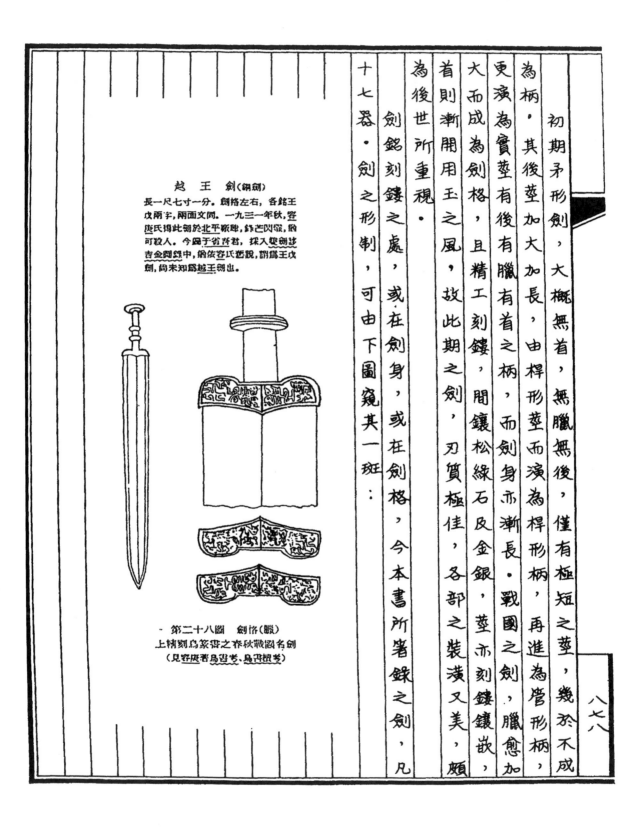

586 □□劍

一、銘文：

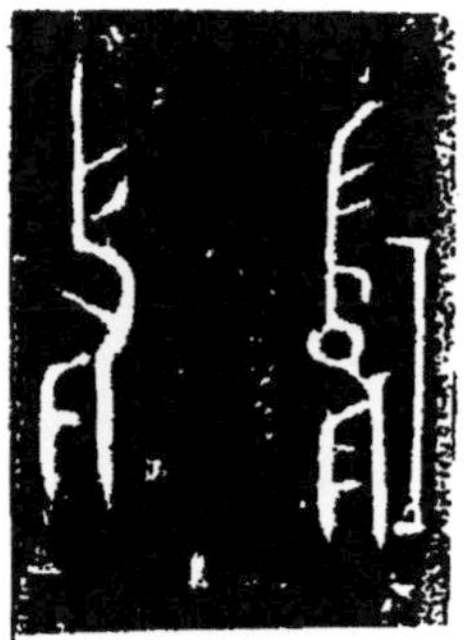

586

二、隸定：

□□。

三、考釋：

此劍銘憭然可辨，惜其未識，闕。

587 □□劍

一、銘文：

587

二、隸定：

□□

三、考釋：

此劍銘正反相錯，惜不可識，闕。

一、銘文：

588 墜劍

588

二、隸定：

墜□□□鐱。

三、考釋：

彝銘中，「敶」、「墜」有別，一从攴，一从土。容庚云：「金文嬀陳作敶，齊陳作墜。錢大昕曰：古讀陳如田。說文：田，陳也。齊陳氏後稱田氏。陸德明云：陳完奔齊，以國為氏。而史記謂之田氏，是古田、陳聲同。呂覽不二篇：陳駢貴齊。陳駢即田駢也。」（註一）說文十四下𨸏部云：「陳，宛丘也。舜後嬀滿之所封。从𨸏从木、申聲。」此陳為嬀姓之國。本劍銘作「墜」，即田齊之「陳」，从土敶省聲。墜氏所作器屢見，如齊陳曼簠（三代、十、十九）、陳侯午錞（三代、八、四二）、陳昉簋（三代、八、四六）、陳逆簋（三代、八、二八）、陳侯因資錞（三代、九、十七）即是。此劍亦墜國之器。

劍于古兵器中較為晚出，故卜辭未見劍字，金文或作僉（戉王劍 錄遺、五九八）；或从金作鐱（吳季子之子劍 攈古二之一、五七），金祥恒先生云：「劒之字有五體：劒、劍、鐱、鐱、僉。惟劍銘作鐱為最多，僉則次之，作鐱者，僅此一見。」（註二）此器銘亦从金从僉作「鐱」。說文四下刃部云：「劒，人所帶兵也。从刃僉聲。𠟫，籀文劍从刀。」鐱與劒同，从金示其質料。玉篇訓金也，集韻訓鉅也，蓋別一義，不可相提並論。郭沫若謂劍之為物，蓋源於突厥語之「Kilidj」(註3)其說或純係比傅之誼。此劍銘渾沌未鑿，不易辨識，知為墜國所鑄之劍。

四、註：

1. 參見金文編卷十四、十四下。
2. 參見說劍，中國文字卅二冊一一二頁。
3. 參見西周吳王劍考釋一五五頁。

589 富奠劍

一、銘文：

589

二、隸定：

富奠之劃鐱。

三、考釋：

「富」字契文未見，金文作[illegible]（上官登）（周三·一六七）形，說文七下宀部云：「富，備也。一曰厚也。从宀畐聲。」高田忠周則以畐即最古富字，畐上作亼為高省，下作田田四畾，象所滿之物，滿即備也，厚也，皆一義之轉，而福是富即畐字，後从宀作富〔註1〕。彝銘則象从宀从酉之形，篆文則从宀、畐聲。「奠」字見於甲文皆作从酉从一之形，若𡗜〔粹七七〕、亜〔後下三四·三〕即是。羅振玉謂：「从酋从六並省，象尊有薦，乃奠字也。从酋之字，古金文多从酉，如隮从酉，鄭从奠之類；从六之字，古金或省从一，如其字作𠀠从一〔虢叔鐘、邿遣敦〕之類。」〔註2〕金文則从酉从六作奠，或从……作𡍙〔鄭伯筍父甗 三代五·九〕。高鴻縉云：「此字本意專指置酉於丌上而言，酉為盛酒之尊，底形尖圓，必須置於有圓孔之小几上，乃能平穩。……始謂之奠，字原依酉畫其置於丌上之形，一非文字，乃丌之形也。由物形一生意，故託以寄奠置之意，動詞。又凡以酉享神者，必奠置，故奠又引借為祭，亦動詞。……又以酉必奠置，乃能穩定，故奠又借為定，亦動詞。書禹貢：奠高山大川是也。」〔註3〕說文五上丌部云：「奠，置祭也。从酋，酋，酒也。丌，其下也。禮有奠祭。」與契、金文無別。高說可从。奠在卜辭或用為地名，如：「𠂤在之奠」〔鐵二一六八·三〕、「奠示十㐅」〔一·二三〕，當即鄭地；或借為甸，定之甸〔註4〕。「富奠」者，富其姓，奠其字，廣韻〔去·九宥韻〕：「富，豐於財。又姓，左傳周大夫富辰。」通志氏族略亦言富姓乃周大夫富辰之後。

「劃」字，容庚釋劃〔註5〕。說文四下刀部云：「劃，錐刀曰劃。从刀从畫，畫亦聲。」段注：「畫字各本無，今補〔按：即錐刀畫曰劃〕。謂錐刀之末所畫謂之劃也。」文選、遊天臺山賦注引字林亦言：「錐刀曰劃。」說文十四上金部云：「錐，銳也。从金隹聲。」則此言劃鐱者，乃指銳利之劍。

四、註：

1. 參見古籀篇七十一第二六頁。
2. 參見增考中七十三頁下。
3. 參見字例二篇三○五頁。
4. 參見董作賓、殷曆譜上編卷九第三十八頁。
5. 參見金文編卷四、二四頁。

590 右軍劍

一、銘文：

590

二、隸定：

□宵右軍□五.

三、考釋：

此劍銘稍泐，「右軍」之說，詳見本書五八五郾右軍矛考釋。

此則辭斷義迷，闕。凡六字。

591 畐劍

一、銘文：

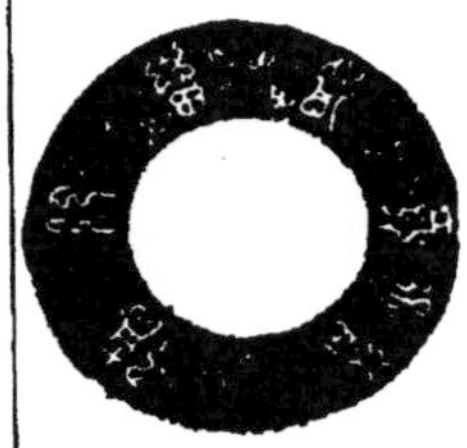

591

二、隸定：

畐自作保□□□。

三、考釋：

「畐」字从自从田，說文所無，經傳無徵，此用為作器者之名。銘末三字殘泐，未通其恉，故闕。凡七字。

四、著錄：

1.小校、十、一百、四。

592 越王劍

一、銘文：

二、隸定：

戉王自作．（592.1）戉王自作．（592.2）

592.1

592.2

三、考釋：

銘首「戉」字，見諸契文作□〈鐵・三三・三〉、□〈戩・十二・十四〉、□〈拾・四・四十〉、□〈前・二・十六〉形，金文作□〈戉父癸甗〉〈三代・五・四〉、□〈虢季子白盤〉〈三代・七・十九〉形。說文十二下戉部云：「戉，大斧也。从戈乚聲。司馬灋曰：夏執玄戉，殷執白戚，周左杖黃戉，又把白髦。」𤴐諸甲、金文，知戉本象斧形，非為形聲。說文云从乚聲，誤也。字於卜辭為方國之名或人稱。金文吳越之越但作戉，如者沪鐘〈錄遺・五〉、戉王劍〈三代・二十・四八〉是，後以為方國之名，故增邑作□〈越王劍〉〈錄遺・五九四〉。此銘之「戉」，即吳越之「越」。莊子刻意篇云：「夫有干越之劍者」，吳越蓋以劍名。「自」字，說文四上自部云：「自，鼻也。象鼻形。𦣹，古文自。」自本象鼻之形，因為語詞之自，即說文四上白部云：「白，此亦自字也。省自者，詞言之气从鼻出，與口相助。」此乃越王自作之劍。

593 越王之子劍

一、銘文：

593.1

593.2

二、隸定：

戉王之子（593.1）戉王、王戉（593.2）

三、考釋：

此與前器同為越國劍，銘「戉王之子」，不知係指何人。另一紙作「戉王」、「王戉」，正背對銘。

594 越王劍

一、銘文：

594.1

594.2

二、隸定：

邶王者旨。（5941）邶王於賜。（5942）

三、考釋：

此亦越國器。「者旨」「於賜」又見越王鐘(註1)、越王矛(註2)二器。此銘容庚隸作「戉王者夷於賜」，初疑為勾踐之子鼫與(註3)。後則隸作「戉王□夷□□」，而言與夷說關乏實據，究不知當屬何王(註4)。郭沫若則據紀年（甲）、史記（乙）、越絕書（丙）三書列越王諸系表之如下：

夫譚—允常—勾踐（菼執）

- （甲）鹿郢—不壽（盲姑）—朱勾—翳—無余之（莽安）—無顓；翳—錯枝；翳—諸咎
- （乙）鼫與—不壽—翁—翳—王之侯—無疆
- （丙）與夷—翁—不揚—無疆—之侯—尊時—親

各說參差，而疑「者召於賜」為「諸咎粵滑」(註5)，古金文「諸」字均作「者」；「咎」、「召」音相近；「粵」古言「於粵」；「滑」蓋「賜」字之誤也(註6)。蓋越王所作之劍。

四、註：

1. 此鐘見博古圖卷廿二第七頁；嘯古第八二頁；款識卷一、四頁商鐘二；兩攷插圖四、越王鐘（維揚石本）。
2. 日本、細川護立侯家藏，梅原末治氏攝。長三七、一糎，錮金書，見兩攷插圖三。

3. 參見鳥書考，載燕京學報第十六期一九六—一九七頁。

4. 參見鳥書三考，載燕京學報第二十三期二八九頁。

5. 參見史記越本紀，索隱所引紀年。

6. 參見兩攷補錄一—二頁。

595 郾王職劍

一、銘文：

595

二、隸定：

郾王職乍武業鈹鐱。寺均。

三、考釋：

「郾」字从匽从邑，西周初期作匽，晚期則从匚作匽，春秋金文燕作匽，戰國金文增邑作郾，凡此四匽字，皆為「燕」之假借字(註1)。秦漢之際，匽國一律改作燕(註2)。此字作「郾」，或戰國時器。「職」殆燕王之名，又見郾王職戈(三代、十九、四三)、郾王戠戈(三代、二十、十七；又周、六、二十)、郾王職戟(三代、二十、十七)諸器。說文十二上耳部云：「職，記戠也。从耳戠聲。」字或从首作䤻，若曾姬無卹壺(三代、十二、二五)，此用為人名。「武業」，爾雅、釋訓：「武，迹也。」釋詁：「武，繼也。」又廣雅、釋詁：「武，勇也。」又：「武，健也。」「業」字，說文三上丵部云：「業，大版也，所以飾栒，縣鐘鼓，捷業如鋸齒，以白畫之，象其鉏鋙相承也，从丵从巾，巾象版。詩曰：巨業維樅。」林義光以業象全虡上有飾版之形，以木為虡足，非巾字(註3)。高鴻縉言从木丵聲(註4)。朱芳圃則以丵象辛燃燒時光芒上射之形，丵業蓋一字之分化(註5)。竊以高說近是。業，事也。易、繫辭上傳：「盛德大業」，疏：「於事謂之業。」故武業者，武功之事業。然依辭例，或為人名。

「鈛鍁」，李孝定云：「師遽方彝『環』字作瑗，其右旁與此所从相同，此文少一『○』字，此例古文多有。然則此當釋鍰。說文無鍰，而以睘之字多有圜義，鍰劍，疑為劍之圓首者。」(註6)考輝縣甲墓東北隅出土一劍，其劍首作鐶狀，宛如覆盂，中有吹管(註7)，莊子、說劍：「夫吹筦也，猶有嗃也，吹劍首者，吷而已矣。」司馬彪曰：「劍首謂劍鐶頭小孔也。」故釋「鍰」可从，惜拓器未見劍首。又釋名、釋兵云：「刀其本曰環，形似環也。」則疑此鍁之首亦似環。

銘末二字，與前八字筆畫結構殊異，疑為後人所羼，未識。

四、註：

1. 參見潘祖蔭、攀古卷一、五頁。
2. 參見斷代(二)八六—八七頁；又一○六頁西周之燕的考察。

3. 參見文源。

4. 參見字例二篇一七五頁。

5. 參見釋叢二十三頁丵業。

6. 參見金詁附錄(四)、二四〇四頁。

7. 參見張克明、殷周青銅器求真五七一五八頁。

一、銘文：

596 廿九年劍

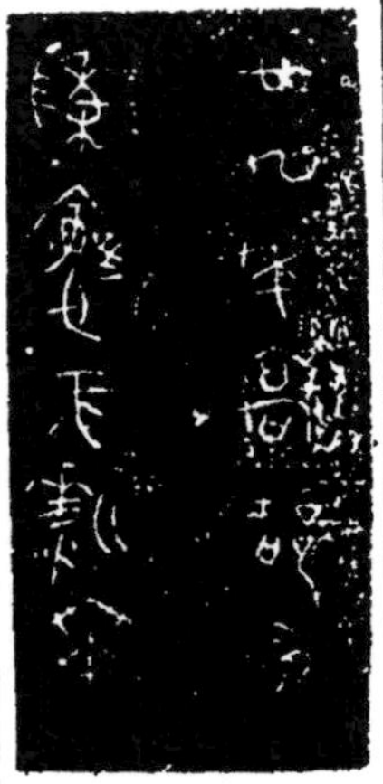

596

二、隸定：

廿九年高部命陳[illegible][illegible][illegible][illegible]。

三、考釋：

此劍蓋二十九年器。「高部」或係人名，部字說文所無，經傳無徵，本義未詳。「高」字甲、金文作髙（後上、三、六）、髙高密戈（三代、十九、三五）形，與小篆無殊，說文五下高部云：「高，崇也。象臺觀高之形，从冂，口與倉、舍同意。」林義光以口象物在其下（註一）。高田忠周疑口乃其可就入之處（註二）。馬叙倫謂高即樓之象形而省（註三）。高鴻縉則以[illegible]

象臺觀之形，故託以寄崇高之義，口聲(註4)。李孝定則从孔廣居說文疑疑云：「高象樓臺層疊形，∧象上屋，冂象下屋，口象上下層之户牖。」(註5)張日昇擬高、京之形，以京字存上屋，下从冂，乃構木為臺，臺下有柱之形，疑高从京省口聲(註6)。按：高說近之，字於卜辭或為地名(註7)。而此銘用為姓氏之稱。

「陳[illegible]」或係人名，[illegible]字未識。「[illegible]」，未識。「[illegible]」字疑為「乘」之異文，乘作[illegible]（虢季子白盤 三代十七·十九）、[illegible]（克鐘 三代一·二四）形，而余義鐘之「[illegible]」字，郭沫若釋為「乘」之緐文(註8)。本銘末三字，未詳何義，闕。

四、註：

1. 參見文源。
2. 參見古籀篇七十三第二。頁。
3. 參見刻詞一二二|一二三頁父癸彝。
4. 參見字例五篇一五八頁。
5. 參見甲文集釋第五、一八一一八頁。
6. 參見金詁卷五、三四八。頁。
7. 參見甲釋八五頁五五一片釋文。
8. 參見兩攷一六三頁徽兒鐘。

597 [illegible]劍

一、銘文：

597

二、隸定：

自之田自之□自之□自之□

三、考釋：

此劍銘之筆書形構，端整脩麗，阿娜有致，而與越王劍（三代·二十·四八）、攻敔王夫差劍（古上·四）所作差近。銘成環狀，凡十二字。言「自之□」，已泐不清，殆亦東周戰國之器。

598 越王劍

一、銘文：

598.1

598.2

二、隸定：

自乍用僉、自乍用僉。（598.1）

□□戉王□□。（598.2）

三、考釋：

此劍銘鑄于劍格上，正銘作「戉王」，背銘作「自乍用僉」，左右對銘，蓋亦越國之君王自作之用劍[註1]，為干將莫邪之屬。于氏言十四字，而「戉王」旁有四鳥篆飾，未識其亦為文字否。

四、註：

1.容庚、鳥書三考載越王劍凡五：一為周金文存卷六、一○五頁及貞松堂集古遺文卷十二、廿三頁所著錄，今歸武進陶祖光君者，銘與此器大同。二為德國某博物院藏，德人鮑爾鏗以照片見示者。三乃得諸北平廠肆，于氏收入雙劍誃吉金圖錄，劍格左右各銘「王戉」兩字，兩面文同。四為廬江劉體智藏，善齋古兵錄卷下第八頁著錄，銘與一、二同者。五為美紐約溫士格（G.L. Winthrop）氏藏，梅原末治以拓本寄示者，文同四。參見燕京學報第二十三期二八八－二八九頁；又鳥書考補正，燕京學報第十七期一七四頁；又鳥書考，燕京學報第十六期二○○頁。又容庚曾謂：「越王劍，余初以百三十元得于式古齋，後于省吾以千元索讓去，余復以千元贖歸。」參見通考一六六頁註四下。古物之流轉無定，於此聊備一參耳。

一、銘文：

599

二、隸定：

王立事凶用衛倫㿿汔左軍㫺司□邑洀得孖齋。

三、考釋：

「立事」一詞，又見於國差𦉜銘：「國差立事歲」〈三代、十八、十七〉，陳騂壺銘：「隹王五年奠□塦旻再立事歲」〈兩攷二二〇〉，陳猷釜銘：「塦猶立事歲」〈三代、十八、二三〉，及子禾子釜銘：「□□立事歲」〈三代、十八、二三〉諸器，于省吾以立事為視事，即史記、范睢蔡澤傳：「明主立政」之「立」，索隱云：「立，涖也。」亦即爾雅、釋詁：「涖，視也。」(註1)陳小松亦以周禮之涖某事，皆卑者為之，尊者涖之，而言立事為涖工事(註2)。楊樹達則以涖事猶涖政(註3)。齊文濤則謂立事歲乃齊國習見之紀年格式，「立事」即主持國家之祭祀，左襄公二十八年傳：「十一月乙亥，嘗于大公之廟，慶舍莅事。」以國之大事，在祀與戎(註4)，唯主政者能主持其事也(註5)。此器之「立事」，即莅位主事之義，而不專主祭祀耳，此以事紀年之例也。

「凶」字未識，疑為「歲」字之省。「衛倫」，或即「昜命」

之辭文，此下銘辭，疑為官名人稱，闕。

于省吾言本書五九九號左軍劍，六〇〇號十五年劍，銘末悉有某「執齋」之語，而六〇二號十七年劍作「夲齋」。凡晚周兵器，矛戟與劍所刻劃之細道字，銘末往往有「執齋」二字，尤以劍類銘為習見。「夲」者，「執」之省。齋齊典籍同用。周禮考工記：「攻金之工，築氏執下齊，冶氏執上齊，金有六齊，六分其金而錫居一謂之鐘鼎之齊；五分其金而錫居一謂之斧斤之齊；四分其金而錫居一謂之戈戟之齊；參分其金而錫居一謂之大刃之齊；五分其金而錫居二謂之削殺矢之齊；金錫半謂之鑒燧之齊。」齊讀作劑，即今所謂調劑調和，就冶金時參兌金、錫之成分言之，古兵器末每言某執齋者，蓋言某掌握兌劑之事(註6)。說蓋可从。

四、註：

1. 參見雙選上二第四頁史獸鼎。
2. 參見國佐鐕為齊人鑄以祀火正者說，載中央三二
3. 參見積微四十一頁工師佮鐕跋。
4. 參見左成公十三傳。
5. 參見概述近年來山東出土的商周青銅器，文物一九七二年五期一三－一一四頁。
6. 參見錄遺序言二頁。

600 十五年劍

一、銘文：

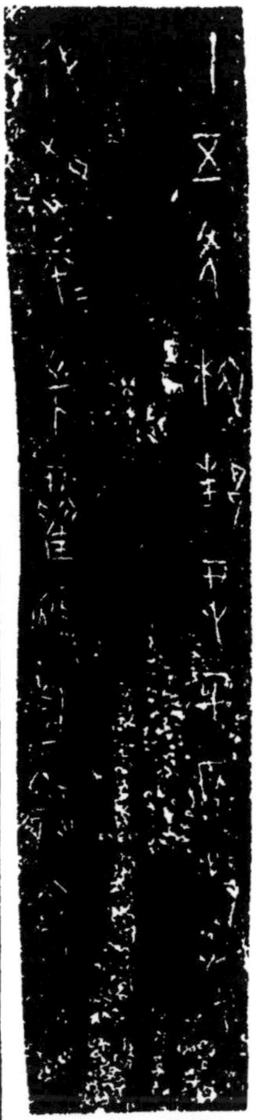

600

二、隸定：

十五年相邦冉罕矦邦左代×◇平平長雚䑥旬執齋。

三、考釋：

此劍銘未易辨識，蓋為十五年所作器，「相邦」，秦官名，即漢之相國，六國無此稱，又另一「十五年相邦劍」（三代二十．四七），二四字，可互參之。末「執齋」者，謂掌兌劑之事者也。

601 少虡劍

一、銘文：

(601.2) (601.1)

二、隸定：

吉日壬午，乍為元用。玄鏐鋪呂，朕余名之，胃之少虡。

三、考釋：

夫「吉日」者，蓋東周銘文特有之現象，他如吳王光鑑：「吉日初庚」(彙·三九)，越王鐘：「吉日丁亥」(兩攷補錄·一)，拍尊：「吉日乙丑」(錄·十一·三三)，郤王義楚耑：「隹正月吉日丁酉」(三代·十四·五五)，楚王酓志盤：「正月吉日」(三代·十七·十六)諸器銘是。乃因東周鑄器時，除紀時日而外，尚表示其所選用之年月日為吉善、吉利之日(註一)，故此言「吉日壬午」者，蓋指鑄器之時，以壬午為吉日也。

「玄鏐鋪呂」者，彝銘習見。玄字金文作8(師奎父鼎 三代·四·三四)形，說文四下玄部云：「玄，幽遠也。象幽而人覆之也。黑而有赤色者曰玄。」玄本象絲形(註二)；或以為懸之祖字(註三)，當非。鏐字或从金作鏐(邾公牼鐘 三代·一·四九)形，或不从金，若玄翏戈(錄遺·五六三)之「」是。說文十四上金部云：「鏐，弩眉也。从金翏聲。一曰黃金之美者。」諸家悉據爾雅釋器所云：黃金謂之璗，其美者謂之鏐。郭璞注以為紫磨金。書禹貢鄭本云梁州貢璆鐵銀鏤砮磬，璆即鏐(註四)，亦即黃金之美者。然或有疑之者，以黃金為銅，鏐既曰玄，似非黃金(註五)，故岑仲勉以為玄鏐者，自其原料、音聲、顏色合觀之，當即鉛也(註六)。鋪呂者，郭沫若以鋪當即魯頌臣工「庤乃錢鎛」之鎛，田器也；呂，鋁省，此段為鑪(註七)。鎛釋田器，於辭不類，鋪呂蓋與玄鏐對文，則鏄當非名詞。鏄鋁即鏞鋁，說文十四上金部云：「鑢，錯銅鐵也。从金慮聲。」鑢與鑪通，左定四年傳：「鑪金初宦於子期氏」，古金人表作鑢金。說文十四上金部云：「鏄，鏄鱗也，鐘上橫木上金華也。」段注：「然則橫木刻以為龍，而以黃金涂之，光華爛然，是之謂鏄鱗，鏄之言薄也，迫也，以金傅著之也。」鏄、鑢古音皆在魚部，義亦相同，故得互用（註8）。鏄呂言錯呂，呂者，鋁也。

爾雅釋詁：「卬、吾、台、予、朕、身、甫、余，言我也。」又：「朕、余、躬、身也。」是「朕余」猶今言「我自己」也。「朕余」又可作「余朕」，見叔夷鐘（兩攷二・三），大宰用「朕余」者表示主格，用「余朕」者表示領格（註9）。名者，命也。之，稱代詞，此指劍也。

「胃之少虞」者，說文四下肉部云：「胃，穀府也。从肉図象形。」此孳乳為「謂」，其義即「謂」。饒宗頤云：「武威漢簡『胃』，今本作『謂』。」（註10）陳直云：「少虞劍銘及戰國帛書皆以胃為謂。」（註11）諸說皆是。「少虞」者，乃劍之名。

四、著錄：

1. 貞松、十二、二十。云：「往歲見之都肆，錯金成文。」
2. 兩攷、二四。吉日劍。云：

「于西崙著古代中國藝術史（O. Siren:" a History of Early Chinese Art" Pl

96.A.）得見往年山西渾源縣北百里許之李峪村所出一劍，其一面臘上殘文與此同，知是一時所鑄。劍今藏美京、符理雅古物館（Freer Gallery of Art, Washington）。當是戰國時物。」

五、註：

1. 參見黃然偉、賞賜三六－三七頁。
2. 參見文源。
3. 參見古代對天地的認識，載古史零證一七－一八頁；又劉厚滋、原始鼎鉉之推測，載輔仁學誌七卷一、二期一一八－一一九頁。
4. 岑仲勉以偏旁金、玉相近，由鐵、銀、鏤三者皆為金屬觀之，禹貢或原作「鏐」而誤作「璆」耳。
5. 參見古籀疏證三。
6. 參見周鑄青銅器所用金屬之種類及名稱，載兩周文史論叢第一一三－一一四頁。
7. 參見兩攷二四一頁吉日劍。
8. 參見張日昇、金詁卷十四、七六二八頁。
9. 參見郭沫若、兩攷二四一頁吉日劍。
10. 參見楚繒書疏證，載集刊第四十本上一三頁。
11. 參見楚繒書疏證引。

602 十七年劍

一、銘文：

602

二、隸定：

十七年相邦呂平□邦左伎□□□□□□□□李齊。

三、考釋：

此劍銘與十五年相邦劍（三代二十四七）、四年相邦戟（三代二十二六）辭例正同，相邦乃秦官名，即漢之相國。「呂」平或即其名。然以文簡字滅，未識，闕。

第五節　斧

斧之來源甚早，原始人類即知拾利石為劈器，今見最早之銅斧，則為商代之物，蓋為日用工具與作戰利器；而周人用斧，已不如商人之盛，斧亦漸離戰器而為飾兵，或用作樂舞儀仗及斬殺有罪之具，所謂斧戉之誅是也。今傳世銅斧，多用作禮儀之具。

斧之形制不一，長短寬窄各異，變體極多，名稱繁複，唯斧之為器，其刃鋒與柄平行，用力向下，側看刃尖對稱作角形；其與錛之別，在錛刃與柄作丁字形，用力由外向內，側看刃尖不對稱而作一直線形。或謂斧之仄面對稱作　形，錛之仄面不對稱作　形，然殷墟所出銅斧，仄面多不對稱。斧小於戉而大於戚，用為直劈，斤則以為橫斷。本書所著錄之斧銘，僅六〇三貯斧及六〇四[illegible]斧二器耳，可知斧鑄銘文之稀有矣。

一、銘文：

603 貯斧

603

二、隸定：

貯

三、考釋：

此斧乃貯方或貯氏所作之器，詳見本書四一五貯爵考釋。

一、銘文：

604

604  斧

二、隸定：

三、考釋：

此斧銘左右从耒，象耒耜之形。中圖紋飾，與豕戈（錄遺、五五八）、獸形爵（三代、十五、四）所从者同，下「ㄓ」形，未識，闕。

第六節　干

干者，盾也，用以防禦之武器。書費誓：「敿乃干」，樂記：「倒載干戈」，檀弓：「能執干戈以衛社稷」，儒行：「禮義以為干櫓」，此干乃手執以自衛之盾，用以遮擋敵人兵器之防禦器而不能殺人。方言云：「盾，自關而東或謂之干，關西謂之盾。」周禮夏官、司兵云：「掌五兵五盾」，注：「五盾，干櫓之屬，其名未聞。」干之古字原為象形之意。本書著錄干銘凡二器，六〇六器之干，飾以牛首之花紋，中有銘文「李」一字。

一、銘文：

605 [卯朿]干首

605

二、隸定：

[卯朿]

三、考釋：

是銘又見[卯朿]觶（續殷、下、五十六）銘，李孝定疑為「卯朿」二字合書（註一）。審此銘从[卯]从[朿]，[卯]象二人相嚮之形，契文作[卯]（餘、二、二）、[卯]（乙、二三七七）形者，羅振玉云：「卯象二人相嚮，猶北象二人相背。」（註二）即說文九上卯部訓「事之制也」之「[卯]」。又甲文朿字作[朿]（餘、三、一）、[朿]（乙、八六九七）、[朿]（京四、二五三）、朿（甲、二六八三）形，彝銘作[朿]（朿卣、三代、十三、三十）形，或云象木有芒刺之形（註三），以其為有刺之木，故倚木畫刺形（註四）。或以朿讀作刺，實即矛

〔註5〕。說文七上朿部云：「朿，木芒也。象形。讀若刺。」是銘作「□」，雖擬諸上形稍殊，然釋「朿」字當可从，唯「鄉」未審何義，此用為人名或族稱。

四、註：

1、參見金詁附錄(一)二五〇頁。

2、參見增考中五十四頁下。

3、參見駢枝三六－三八頁釋朿。

4、參見字例二篇二一七頁。

5、參見郝本性、新鄭「鄭韓故城」發現一批戰國銅兵器，載文物一九七二年十期三七頁。

一、銘文：

606 牵干

606

二、隸定：

牵

三、考釋：

此器圖牛首之形，牛鼻下銘乃「牵」字，卜辭作□（藏・一〇・一）、□（拾三・四）、□（拾・十・十五）、□（拾・九・十四）、□（戩・四七・五）形，殷彝銘中，見□爵（三代・十五・十四）、肖㚔爵(三代五.三九)、㚔父癸爵(三代.十六.二三)諸器銘，孫詒讓言即食字(註一)。郭沫若釋為工，以工、壬古當一字，乃器物之象形，蓋古錐鑽之類，而端著鏃，付柄於中，呂便運使(註二)。董彥堂則以為象手械，即拲字，蓋加於俘虜之刑具(註三)。孫海波同董氏之說，以為象刑具，睪人所以桎兩手，執圉等字皆从此(註四)。說文十下㚔部云：「㚔，所吕驚人也。从大从羊。一曰大聲也。一曰讀若瓠。一曰俗語以盜不止為㚔，㚔讀若籋。」許訓已失其本義。而郭說工字，則另有他形，未可混為一譚(註五)。若董氏以㚔、拲為一字，則猶有可商，蓋拲許訓兩手同械，㚔則象手械，義實有別。金文之「㚔」，用作方國之名或氏族之稱，此㚔方或㚔氏所作之器。

四.註：

1.參見舉例下廿四頁下。
2.參見甲研釋支干十七頁壬字條下。
3.參見殷曆譜下編卷九日譜一第三八頁。
4.參見文編十卷十四頁下。
5.參見甲文集釋第十、三二二九頁。

第七節 鏃

鏃之起源甚早，安特生、中華遠古之文化一書已收板岩石鏃三具。殷虛除發現鉅量之骨鏃外，貝蚌鏃亦有，唯石鏃甚少，蓋殷代業以取銅鏃而代之，其形制一律為倒鬚式、帶刺、中有脊、脊下接莖之形。周初襲殷舊制。迨至春秋、戰國之時，銅鏃之形制龐雜不一，長短參差，各國異形，各地殊狀，雖聚千百鏃於一簇，而視其長短形狀，蓋無一相同，然細審其體，仍不出中軸制及三棱（角）制之範圍，所謂百變不離其宗，不失本來面目也。戰國以後，秦漢之初，銅鏃即已絕迹。箭鏃弩矢之有銘者極稀，金石索著錄叉頭鏃三，鑴有銘文，疑後人偽託。本書則羅致郘公鏃銘一，甚可貴也。鏃者，用以射遠之兵器，故「貴鏃矢者，為其應聲而至」（呂氏春秋．貴卒）是

607 郘公鏃

一、銘文：

607.1

607.2

607.3

二、隸定：

郘公□□□□□□□□之□。

三、考釋：

此三鏃銘文譎詭，刻契狹小，不易辨識。于氏自隸「郘公鏃」，言為十字，而唯識「郘公」、「之」三字。郘蓋國名，公乃爵稱，下或係其名，然「郘」字於典籍、字書無徵，義未詳，闕。

第八節　鐏

鐏者，柲下之銅也。說文十四上金部云：「鐏，柲下銅也。从金尊聲。」禮記曲禮上：「進戈者，前其鐏，後其刃；進矛戟者，前其鐓。」正義曰：「刃當頭而利者也。利，故不持嚮人也。鐏在尾而鈍，鈍嚮人為敬。」鄭注則以「銳底曰鐏，取其鐏地。」又釋名釋兵：「矛下頭曰鐏，鐏、入地也。」故鐏乃指戈矛柲下之銅，或鈍或銳，因其所宜。本書著錄鐏器唯一器耳。

608 龔鐏

一、銘文：

608

二、隸定：

龔

三、考釋：

此銘从龍从廾，說文三上廾部云：「龔，愨也。从廾龍聲。」引申義也。字於此乃作器者之名也。

第七章　不知名器

凡未能定其何器，無所歸屬者，入此。本書凡收不知名器為八器，由一字至二十字悉有。

一、銘文：

609 

609

二、隸定：

子衛

三、考釋：

銘乃「子衛」合文，此乃子方或子氏名衛者所作之禮器，當與四三〇、四三一子衛爵為同人所作。

一、銘文：

610 

610

二、隸定：

三、考釋：

是銘从亼（竹）从，以銘獨見，未敢臆解，故闕之。

一、銘文：

611 ⿲彳戈亍

611

二、隸定：

⿲彳戈亍：

三、考釋：

此銘从戈从行，說文無。行中納戈，有征伐意。唯此用為方名或氏族之稱，疑為「戈」之緐文。

一、銘文：

612 ⿰女尌

二、隸定：

⿰女⿰壴力。

三、考釋：

612

銘又見⿰女⿰壴力卣（三代十三．四四），李孝定隸作「⿰女⿰壴力」（註1）。于省吾隸作「⿰女尌」（註2）。考樹於甲文作尌（前二．七．六）、尌（前二．七．七）、尌（前二．八．二）、尌（後上十三．二）形，正與許書籀文作「尌」近。石鼓文尌字从又，以手植之也。此从力樹物，使植立必用力（註3），故與又同意。古文从木之字或省从屮，於是查乃變而為壴，既譌查為壴，遂於壴旁增木，且譌又為寸（註4），故成說文之樹矣。唯其从豆則義不可說耳。此銘本作「⿰女⿰壴力」，遞演成「⿰女⿰壴攴」、「⿰女尌」，蓋用為作器者之名，然於經傳無徵。

四、註：

1、參見金詁附錄(二)二六七五頁。

2、參見錄遺目錄二二頁。

3、耒：葉玉森謂所从之乂、乂並耒形，亦非从力，蓋尌蓺亦用耒也。當是。參見前釋一卷二十五頁下。

4、參見羅振玉、增考中六十三頁。

613 豢

一、銘文：

613

二、隸定：

豢

三、考釋：

此銘从大从豕，豕亦聲。乃豢方或豢氏所作之器。

614 冊宫

一、銘文：

614

二、隸定：

冊宫[illegible]。

三、考釋：

此銘作「冊亯𠛱」三字，非如于氏自注「冊亯」二字耳。冊字本象簡札一長一短之形，取象於編簡。亯字則象宗廟之形，乃祭亯之所；又銘左「𠛱」字，疑从刀从丮，象人執刀形，或作器者之名。彝銘中，「用亯」之詞習見，而無作「冊亯」之語者，故或言亯氏名𠛱者所作器，冊乃作冊之省文。

一、銘文：

615
家父辛

615

二、隸定：

家，父辛。

三、考釋：

此銘作「家父辛」三字。家字見於甲文宀下或从豕，或从亥，若家（拾一·七）、家（前七·四二）、家（後下三三·一）、家（拾十四·九）、家（前七·三八·一）、家（前一·三十·七）形。金文或圖豕形，若家戈爵（三代十五·三四）、家戈父庚卣（三代十三·四）諸器；或書以線條，若家缶鼎（三代三·五三）、家鳥子卣（三代十三·三七）、家令鼎（三代四·二七）、家林氏壺（三代十二·二七）形。說文七下宀部云：「家，尻也。从宀，豭省聲。𡨦，古文家。」清代治說文者，已啓爭端，若宋氏係言从豭省聲(註1)。段玉裁謂乃古文豕(註2)。鈕樹玉(註3)、朱駿聲(註4)言从宀从豕。而舒連景則以从宀从豕，殷周古文大抵从宀从豕，意為豢養之所，引申假借為人之居處，與牢本豢牛之所，引申為囚牢之牢，其義一也(註5)。吳大澂云：「古家，从宀从豕。凡祭，士以羊豕，古者庶士、庶人無廟祭於寢，陳豕於屋下而祭也。」(註6) 邵君樸裁奪決疑，以「甲骨文从宀从豕，或从亥，亥亦豕也。古金文亦多作宀下豕形，而不見有从豭不省者，則段氏之疑不从宀豭省聲，而从宀豕為會意是矣。然未盡得其本義也。考家字从宀从豕，宀、室廬也；豕，畜獸也。其義重在豕而不在宀，故頌鼎『廿家』之字可省宀而作豕也。郭忠恕汗簡有古文家，字从宀下犬者，犬亦家畜也，故其義在畜而已。……古人謂妻子曰帑(註7)，是以妻子為貨幣也。何人獸之分乎？然牛、羊、犬、豕既為當時重要畜獸，則牢、窂、宊、家四字理應同義，而今家、牢二字殊意，甲骨文家字从犬从豕者並有之，絕無从牛从羊者；牢字从牛从羊者並有之，絕無从犬从豕者。以犬豕本豢擾於內，故畜之於室廬為家；牛羊本放牧於外，故閑之於室廬為牢。」(註8) 故家本泛稱凡處之所，未必為人所居，說文訓居本不誤，而後字誼轉為人居之專稱，外延縮小，惜後人不解斯理，膠着固執，乃強說豕為豭之本字，而說文亥為豭之古文(註9)。豭乃後起形聲字，家蓋象豕在宀中(註10)。或言家之初文為亞字(註11)，家為亞之轉注字，家戈與[十]

同(註12)，是初民造家字，特以豕居代人居，似欠穩當(註13)。考諸甲、金文「家」字皆从宀从豕，而古鉨泉幣、石刻漢印，亦莫不从豕而作，若家(麥田家鉨)、家(安陽圜首圜足幣)、家(品式石經咎繇謨古文)、家(博平家印舉)形即是(註14)，然自六國古鉨觀之，說文古文之譌，殆肇乎此。故家本从宀从豕會意，本義為豕凥，引申假借為人凥，蓋豢豕之生子最多，故人凥豕處，借用其字，久而忘其字之本義，使引申之義得冒據之矣(註15)。此銘「家」字殆為作器者之名，乃「家」為其「父辛」而作之器，唯不知何種器物。

四、著錄：

1. 金文集(一)圖三七、家父辛器，十一頁；釋文六四頁。

五、註：

1. 參見諧聲補逸
2. 參見說文解字注七下宀部家字下注。
3. 參見說文解字校錄
4. 參見說文通訓定聲
5. 參見說文古文疏證五○頁。又羅振玉、增考中十二頁上說同此。
6. 參見愙齋十八冊七頁父庚卣。
7. 案：詩小雅、常棣：「宜爾室家，樂爾妻帑。」文十三年左氏傳秦人歸士會妻曰：「秦人歸其帑。」
8. 參見釋家，載集刊第五本二分二七九－二八一頁。

9. 參見說文通訓定聲豫部。

10. 參見天壤文釋三十五頁。

11. 參見源流與傾向，馬氏論文集一六四頁。

12. 參見刻詞二三頁家爵。

13. 參見田倩君、叢釋一〇—一四頁說家。

14. 參見古籀補補七、六頁下；又石刻篆文編七、一六頁下。

15. 參見說文解字注七下家字五—六頁；又見葉玉森、說契二頁下；又段紹嘉、陝西藍田縣出土弭叔等彝器簡介，載文物一九六〇年二月九頁說悉同，可互參之。

一、銘文：

616 季老口

616

二、隸定：

季老或乍文考大白□□。子子孫孫，其萬年永寶用。

三、考釋：

夫考、老本為一字，耂本象老人長髮、傴僂扶杖之形(註1)，老為耂字形變之分化，故說文八上老部云：「老，考也。七十曰老。从人毛匕，言須髮變白也。」林義光則謂耂从人，上象髮禿，匕乃人之反文，扶老者也。匕象其手，依人以行。卩亦人字，象上手以承老(註2)。說甚未允。「季老或」乃作器者之名，「季」為行輩或姓氏，「老或」疑為其字。「文考大白」者，受祭人名，容庚云：「稱父為考，始於周人，故商器中只稱父某。至周器則稱文考父某，或厥考、皇考、穆考。」(註3)此「大伯」殆其父耶？風俗通言「大」為姓，蓋大庭氏之後。中闗二字，為補鋭所掩，疑是器名。

四、註：

1. 參見葉玉森、前釋二卷二頁下。
2. 參見文源。
3. 參見通考八十頁。

商周金文錄遺考釋下編　結論

斯由中編之考釋，取英抉華，覓其幽微，探其指歸，可知商周金文錄遺一書，雖細大不捐，網羅繁富，其斷文廢款，亦足以貫大道，而載寶之處，固為經史之股肱，其精官之鏤，復為詁訓之檠弼•然書雖盡善，終未臻盡美，故或藏瑕露疵，闕漏一二，是以勘謬補闕，審史定禮，以為研究之筌蹄•今張網結涉，條分枚舉，首述其自身之闕失，次言其佐證素材之價值•

甲、商周金文錄遺之闕失

商周金文錄遺一書，或於器類上，或於顏名上，或於字數上，或於小注上，或於器號上，或於銘拓上有其未盡善處，茲分述如下：

一、器類之誤異者

若74江小中母生鼎銘云：「江小中母生自乍用鬲」，其器類當為「鬲」屬，而于書誤入「鼎」屬•至若161叔毁，容庚言其當為「叔卣」；512魯大嗣徒元盂，容庚謂其銘雖云「飲盂」，實為「匜」屬，故作「魯大嗣徒匜」；527雋槃、528盃槃，唐蘭言其為「弼」屬者，惑於器類之分，將持異議，言其誤舛者也。

二、顏名之參差者

于書或有銘文全同或略異，而其顏名則參差異路，若51□鼎與465□□来爵銘文當同，而51不作「□□来鼎」；212豢左右牽馬形父丁罍與506豢父丁方彝銘文無異，而506不作「豢左右牽馬形父丁方彝」；351舌則車觚與464羊則車爵銘文肖似，而351不作「羊則車觚」者是。外如122龏子毁當作「子龏毁」；273切其卣當作「作冊隻卣」；339龏门觚當作「门龏觚」；347亞中旅父己觚當作「亞中㫃父己觚」；554旅戈當作「㫃戈」；132丮白毁當作「才白毁」者是。其餘勘誤，可見器名目錄。

三、字數之分歧者

于書間有銘文全同而字數不一者，若211豢左右牽馬形罍與506豢父丁方彝皆視「□」為二字，然212豢左右牽馬形父丁罍則以為一字；而572齊戟當為五字，于書誤作三字。外以考釋不同，故字數亦隨其分合而劃別，若28□鼎當係「守雩」二字合文；42□鼎當是「□」一字；47父乙□鼎當係四字；而56、57、240、254四器中之「天黿」當以「黿」一字視之；160戴毁當係二八字；483□盤當為三字也。

四、小注之譌舛者

于書目錄下小注，或偶失察，若89辛鼎下注云：「周、二十」，蓋乃「周、四十」之誤。

五、器號之謬失者

于書銘拓墨本下皆標明器號，以便查索，唯「259.2」乃「259」之誤；「259.1」當為「260.1」，「260」當為「2602」之謬失者，故對校其實，以避徵引錯謬也。

六、銘拓之不完者

于書蒐集博勤，箸錄精嚴，然間有銘文漫漶殘泐、一偏不全者，是以索諸他書，用以補苴求全。若1余購鋯兒編鐘凡三器，銘文七十四字，而于書僅箸錄三十七字，故據三代吉金文存、兩周金文辭大系攷釋及古代青銅器彙編(一)補全；3沇其鐘銘文凡七十三字，然于書末行少「且考觚鐘」四字，故據古代青銅器彙編(一)補葺；5—8者沪編鐘一甲銘文凡九十三字（內「趣」字重文），唯拓本皆隱約殘泐，茲據古代青銅器彙編(一)、郭沫若．摹者沪鐘銘文、李棪．摹者沪鐘銘文以窺其全豹。又99禹鼎之藝文版及明倫版皆闕漏，茲據原書及徐中舒．禹鼎的年代及其相關問題補全。232庚壺銘文失，復因銹掩，茲據張光遠．春秋晚期齊莊公時庚壺考一文中「庚壺銘文摹寫」修補；584十三年戟銘文泐滅，茲據陳邦懷．金文叢考三則中「相邦義戟摹寫」補苴，便於考釋。

乙、佐證素材之價值

一、出土時地資旁證

夫出土時地，可辨古器之真偽，復為考索國望都邑之地緣旁證，于書雖無明著出土時地，唯其可知者，若：

3 㳄其鐘—民國廿九年於陝西省扶風縣法門寺任村出土。

12 者沪編鐘三—傳昔年洛陽金村古墓出土。

50 司母戊鼎—抗戰中於河南安陽武官村出土。

93 作册大鼎—洛陽邙山之麓馬坡出土。

94 憲鼎—清代於山東壽張縣出土之梁山七器（太保方鼎、太保毁、太保鴞卣、太史友甗、白憲盉、魯公鼎、憲鼎）之一。

99 禹鼎—民國三十一年於陝西省岐山縣任家村出土。

157 沬嗣土迭毁—民國二十年河南濬縣出土。

163 鼉毁—傳河南出土。

167 矢毁—民國四十三年六月於江蘇省丹徒縣龍泉鄉煙墩山南麓斜坡上出土。

179 異白子庭父盨—傳黃縣出土。

180 白㳄其盨—民國廿九年陝西省扶風縣法門寺任村出土。

204 保卣—民國三十七年於河南洛陽出土。

278 乍册䰧卣—傳河南洛陽出土。

293 長由盉—民國四十三年十月長安縣斗門鎮普渡村出土。

519 520 智君子鑑一二—民國廿七年河南輝縣出土。

521 吳王夫差鑑—清同治中山西代州蒙王村出土。

533 534 晉公車器一二—傳輝縣出土。

諸器，悉為近二、三十年出土之物，間有清代扣掘所得，其可資旁證者，一也。

二、作器鑄銘知緣由

夫作器之故，或用以自作，識其族徽；或略其作器人名，唯言作寶彝，此外，若：

(1.)為祖而作者有45、151、192、224、259、273、342、343、357、358、447、448、449、450、451、452、469、498等十八器。

(2).為妣而作者有199、266、271、274、434、474、475等七器。

(3).為祖妣而作者有514一器。

(4).為父而作者有46、47、48、49、54、55、58、63、64、77、78、88、102、103、107、109、123、124、125、126、127、128、131、139、140、147、149、156、167、193、194、195、196、197、198、202、203、212、221、222、225、226、245、246、247、248、249、250、251、253、254、255、260、261、264、265、267、268、269、270、274、287、344、345、346、347、348、349、350、354、359、366、367、368、369、370、371、372、373、453、454、455、456、457、458、470、471、472、473、476、478、487、488、489、507、508、509、518、615等器悉稱「父某」，凡九十九器。或稱「文父某」，若142、276二器是。或稱「辟父某文考」，若145

器是・或稱「高文考父某」者，若510器是。或稱「文考大白」，若616器是。或稱「某考」，若152器是・或稱「文考白某」，若154器是・或稱「上父」，若477器是・或稱「氒考」，若157、490器是。總凡一〇九器・

(5)為母而作者有50、65、128、141、201、258、262、288、292諸器；或稱「皇母」，若166器是；或稱「王母」，若108器是・凡十一器・

(6)為皇考皇母而作者有164一器・

(7)為婦而作者有56、57、256、327、356等五器・

(8)為女而作者有82、86、111、145、155、158、174、175、272、491、495、500、501等十三器・

(9)為兄而作者有460一器・

(10)為「日某」而作者有143、278等二器・

(11)為「某公」而作者有163、374、467、533、534等五器・

(12)為「王句六室」而作者有171、172等二器・

(13)為祭享先祖、饗宴賓友及父兄庶士者有1、2、4等三器・

(14)為征伐旌功而作者有99一器・

(15)為冊命賞賜而作者有85、88、91、92、93、94、97、98、147、151、156、157、159、160、161、163、165、167、204、205

：206、231、269、271、273、274、275、278、498等廿九器。

(16).為新都竣工而作者有566一器。

故作器之故，為人為事，不一而足。然由上統計知，殆以為父而作者居者，而旌功賜賞者次焉，其為祖而作者又次焉。

三、用窺賞賜之所在及其品類

夫冊命賞賜，或在「廟門」，若147父乙毀；或在「大宮」，若159不㝬毀；或在「大室」，若165𡧊毀；或在「大廟」，若274切其卣二；或在「炎𠂤」，若205醫尊者是。至於賞賜物，則有：

85小臣㝵鼎—貝五朋。

88乃子克鼎—室絲五十爰。

91麥鼎—赤金。

92𤔲𩂣鼎—遂毛兩、馬匹。

93作冊大鼎—大白馬。

94𡨦鼎—貝金。

97尹姞鼎—玉五品、馬四匹。

98南宮柳鼎—赤市、幽黃、攸勒。

147父己毀—貝。

151𡩜敄毀—貝二朋。

156小臣毀—貝二朋、臣三家。

159不㝬毀—裘。

160 戴𣪘—弓矢束、馬匹、貝五朋。
161 叔𣪘—鬱鬯、白金、芻牛。
163 䵵𣪘—宗彝一肆、鼎二、貝五朋。
165 𡖊𣪘—戠衣、赤⊗市。
167 夨𣪘—𩰫鬯一卣、商瓚一、彤弓一、彤矢百、旅弓十、旅矢千、土、川二百、小邑卅又五、奠七百人又五十夫、庶人六百又口又六夫。
204 保尊—六品、賓。（276 保卣同）
205 𤔲尊—白馬。（277 𤔲卣同）
206 耳尊—臣十家口師。
231 傃佩母壺—貝。
269 小臣豐卣—貝。
271 □卣—貝。
273 切其卣一—孚玉一珏。
274 切其卣二—貝五朋。
275 切其卣三—貝。
278 乍册𩴾卣—馬。
498 守宮盤—絲束、𦉪瞙五、𦉪冪二、馬匹、毳布三、專俸三、坴朋。

上舉諸器，亦可窺知賞賜物品類之一斑矣。

四、曉辨器用之性質

夫擇金鑄器，必有其用，其用則有：

(1).旅（或肇）彝（或器物之專名）——若59、73、79、100、101、104、132、170、173、175、180、205、223、229、257、260、278、292等十八器是。

(2).⿰享隹鼎：若69器即是。

(3).行器：若80、169（行匜）即是。

(4).異鼎：若93器即是。

(5).飤甗：若106器即是。

(6).⿱齊鼎鬲：若110器即是。

(7).用毀：若136、567（用戈）即是。

(8).征⿺辶盨：若176、177、178、179、499（正匜）即是，凡五器。

(9).薦壺：若230器即是。

(10).從彝：若486器即是。

(11).餴盂：若511器即是。

(12).㱃盂：若512、513器即是。

(13).弄鑑：若519、520器即是。

(14).御鑑：若521器即是。

(15).田戈：若565器即是。

(16).劃鐱：若589器即是。

(17) 鉞鐱：若595器即是。

(18) 塍器：若491器即是。

是作器鑄銘，蓋有「旅」、「雝」、「行」、「異」、「飤」、「齍」、「用」、「征」、「薦」、「從」、「餑」、「飲」、「弄」、「御」、「田」、「塍」諸用；或明其利器乃「劃」、「鉞」也。

五、考徵官制之殊同

夫官制之區分，古今有別。于書所收，上自「天子」，若96、98二器是；下迄「庶士」，若4器是；其中稱「公」者，若92、104器是；稱「侯」者，若511、530器是；稱「伯」者，若101、132、220、263、267器是；稱「子」者，若100器是；稱「小子」者，若258器是；稱「嗣徒」者，若165、512、577三器是；稱「司馬」者，若540器是；稱「牧馬」者，若150器是；稱「嗣攻」者，若112器是；稱「大師」者，若502器是；稱「大僕」者，若94器是；稱「天尹」者，若97器是；或稱「尹」，若92器是；稱「相邦」者，若584器是；稱「史」者，若78、265器是；稱「作冊」者，若93、98器是；稱「善夫」者，若111、164器是；稱「卜」者，若134器是；稱「田」者，若66、102、135三器是；稱「小臣」者，若84、85、156、269等四器是。由其職掌官守，悉有裨於禮典制度之考徵，用補三禮之未備也。

六、以為詁訓之檠弼

若弓矢之賜，或以五十矢為束，若詩魯頌泮水：「束矢其搜」，傳云：「五十矢為束」；或以百矢為束，若周禮秋官大司寇：「束矢於朝」，注云：「古者一弓百矢」；或以十二矢為束，若國語齊語：「坐成以束矢」，注云：「十二矢為束」。是束矢之數，聚訟紛紜，審諸本書167矢𣪘銘云：「彤弓一，彤矢百」、「旅弓十，旅矢千」，可知一束百矢，當以周禮注為允。又「盂」之為用，小徐、後漢書注及御覽皆以為「飯器」，而大徐、篇韻、急就篇注則以為「飲器」，觀本書511匽医盂及513要君盂銘云：「餴盂」，而512魯大嗣徒元盂則作「歙盂」，可知盂之為用，既為「飯器」，復為「飲器」，則詁家訟爭、一察之見，乃不辨而明。

七、用匡經史之譌錯

若左昭六年傳云：「徐儀楚聘于楚」，杜預注云：「儀楚，徐大夫」，然1余贎𨰜兒編鐘銘云：「余義楚之良臣」，知「儀楚」乃徐王而非徐大夫，杜注誤舛耳。又史記田敬仲世家云：「齊侯太公和立，二年和卒，子桓公午立。……六年救衛，桓公卒。」然本書168陳医午敦乃「十年」所作器，則史記所載「六年卒」之說，非也。又詩小雅十月之交云：「皇父孔聖，作都於向」，然本書162函皇父𣪘蓋銘云「函」非「向」，知「向」乃「函」之形譌也。且函本「妘」姓，世本則誤作「姜」姓；至若後漢書文苑傳．崔琦外戚箴注云：「皇父為幽王后之親黨」，則為實錄矣。

八、以觀軍制之遞嬗

夫西周有「𠂤」無「軍」，99禹鼎銘載其𠂤有「西六𠂤」、「殷八𠂤」、及「成周八𠂤」之別；春秋之後，列國有「軍」之編制，本書232庚壺銘云：「齊三軍」，585郾右軍矛，知齊、燕皆有三軍之制；而由570右軍劍、599王立事劍之「左軍」稱呼，知三軍始為左、右、中三方位之總稱也，是可觀軍制之遞嬗。

九、其他

除上舉諸項外，若沕其鐘可窺忠君思想、商人尚質、周人尚文之習尚；徐王子旃鐘用以釐清金石索摭摹之誤舛不精；禹鼎藉以糾正宋人摭錄之悠謬及近人拾掇之失察，復能知西周用兵南方之史實、古車戰徒御配備之數；而尹姞鼎則曉明車馬相配之制；沕其鼎與齊嬗姬毀用知脫字之例；今吉父毀之「父」到文；[illegible]乍父庚卣之「乍」反文……是小大偏全，靡不為研究之資。

夫零篇散帙，固難歸結；而片言隻字，豈易為功，筦蠡之見，如上云爾。

書／器類	錄遺	他書	計	備註
模糊漫漶者	2. 子璋鐘	三代一、三十、	1	三代：三代吉金文存
闕漏者	9. 者沪編鐘二甲	與三代一·四一編一合成全文	3	
	231. 㑽佩母壺	三代十二·十二·四無器		
	291.* 員盉	三代十四·五·十無蓋銘		*表器號重出者
同銘異笵者	67. 逘鼎	三代三·五·六不同笵	5	
	93. 作册大鼎	三代四·二十異笵		
	142. 辨乍文父己毁	三代六·四三·三異笵		
	156. 小臣毁	三代六、五〇、一異笵		
	249. 𣲧父乙卣	殷上三十·八異笵		殷：殷文存
	42. 鍇鼎	鄴三上七		鄴：鄴中片羽
	71. [illegible]	鄴[illegible]		

431.	子衛爵二	巖上三
505.	車方彝	巖上二十
533.	晉公車器一	巖下五二
534.	晉公車器二	巖下五二
544.	[illegible]戈	巖下四
545.	癸戈	巖下六
561.	羊戈	巖下一七
568.	[illegible]乂戈	巖下三七
571.	鄭戟	巖下四五
501.	弔[illegible]父[illegible]師姬匜	遺十、三八
[illegible]71.	右[illegible]台鼎	遺續上二十

遺：貞松堂集古遺

遺續：貞松堂集古遺

No. 九三四 九三三

[illegible]	10	9	8	7	6	5	4	3	2	1	編號
[illegible]	39 325	37 38	35 390	31 236 481	29 296 379 479	24 503 515	22 23 524	21 216 217 417	18 19	17 319 320	器號
											備註

No.2

[illegible]	39	38	37	36	35	34	33	32	31	30	29
[illegible]	279 527	267 268	251 458	249 344	248 366 450	233 314 (409)	219 220	212 506	205 277	204 276	195 274.1 274.2 275.1 275.3
			458 唯省寸之絲飾耳								

編號	隸定	銘文	劃數	器號	備註
1	一		1	91 163 167(四) 497(二) 540	
2	乙		1	47 48 49 54 77 78 97 107 123 124 152 202 204 246 247 248 249 269 273 274 275(四) 276 278 344 354 357 358	
				366 369 450 498(二)	
3	乚		1	468	當入表四，刪。字殆存疑
4	二		2	92 156 163 166 167 204 274 276 278 498 540	
5	十		2	2 88 91 162 167 168 206 497 584 600 602	
6	卩		2	210	
7	匚		2	64	
8	丁		2	1 53 93 106 109 125 131 156 158 160 163 166 167(二) 193 194 195 199 212 221 222 226 270 274(二) 275(二) 293 371 372 427	
				433 451 466 468 470 474 475 487 489 506	
9	七		2	167 602	
10	刀		2	472	參見器三三.杓
11	又		2	91 99 162 166 167(六) 181 182 497 523	
12	卜		2	134 167	

25	24	23	22	21		20	19	18	17	16	15	14	13
巳	弓	己	于	三		之	匕	𠆢	人	入	八	匕	冂

3	3	3	3	3		3	3	2	2	2	2	2	2
166 275	160 167	45 92 93 109 126 140 142 147(二) 258 275 278 347 364 367 373 418 443 445 514	4 77 84 90 91 96 97(二) 99 153 156 157 161 165 167(二) 168 171(二) 203 204(三) 205 206(二) 232(二) 272 274(二) 276(三) 277 278(三)	156 165 166 232 293 498(二) 539 540 583 584	572 573 589 593 601(二) 607	1(二) 2 4 62 80 87 99 106 112 166(二) 169 171 172 215 232[illegible] 491 494 495 496 514 519 520 533 538 565 566 568 570[illegible]	89	141	89 167(三)	203(二)	79 83 99 160 162 172 497 581	199 266 271 274 474 475	224 339 426
干支之「子」為「巳」者								字殆存疑				字同妣	

編號	26	27	28	29	30	31	32	33			34	35	36	37
隸定	尸	乃	下	工	土	士	才	子			丂	亓	大	上
銘文														
劃數	3	3	3	3	3	3	3	3			3	3	3	3
器號	99	88 165 272	293 540	584	157 165 167	2 4	92 94 98 132 147 159 167(二) 204 205 206 273 274 275(三) 276 277 278 293 498	2(三) 3(四) 4(四) 36 37 38 62 71 73 75 80 81 82 88 90(三) 94(二) 96(三) 98(三) 99 100 106(二) 110(二) 111(三) 112(二) 122 140 146 148 150(二) 152	153(二) 154(二) 158(二) 162(二) 163 164(二) 166(四) 165(二) 175(二) 176 177 178 179 180(三) 199 203 206 228 232 256 258 271 273 293 412 425 430 431 436 463 472	493(二) 494(二) 495(二) 496(二) 497(二) 498(二) 500(二) 501 502(三) 509(二) 510 513(二) 514 519 520 567 570 593 609 616	359	575	3 70 87 93(三) 94 98 99 112 153 159 161(二) 165 204 232 275 274 276 278(四) 293 357 438 441 493 502(二) 512 581 584 599 616	274 477 583
備註														

51	50	49	48	47	46	45	44	43	42	41	40	39	38
王	文	六	方	彡	个	女	川	勿	夕	千	匕	小	山
											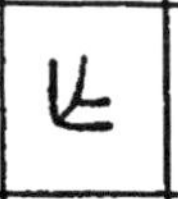		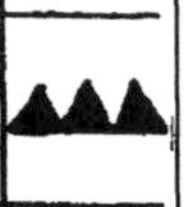
4	4	4	4	3	3	3	3	3	3	3	3	3	3
3 4 93(二) 98(三) 106 108 147 157 159(二) 161(二) 165(二) 166 167(三) 171 172 175 204(二) 215 231 232(二) 273 274(二) 275(三) 276(二) 278(二) 293(三) 498 521 537 569	78 142 145 154 204 275 276 510(二) 616	97 98 99 167(二) 171 172 204 206 215 273(二) 276	4 14 99 204 232 276 428	274	198 476	50 61 121 199 232(二) 256 272 323 334 340 362 365 405 428 459 483	3 167	51 465 506	3	96 99 164 167	3(二) 89 580	74 85 156 167 258 269	363
			14器之方乃初文口					或釋「耒」、犂之初文			用同無、亡		

編號	隸定	銘文	劃數	器號	備註
				570 572 573 575 592 593(二) 594(二) 595 598 599	
52	井		4	3 91 83 293(二) 361	井蓋用為邦
53	尹		4	92 97(二) 99	
54	弔		4	1 86 109 128(二) 156 161(二) 174 175 228 330 374 491 492 493 496 501	128器乃弔之繁文作九三九 二弔合文·弔或假作叔九四〇
55	元		4	4(二) 87 165 502 512 514 570 582 601	
56	夫		4	111 164 167(二) 173 521	
57	天		4	3 93 96 97(二) 98 99 180 293	
58	丑		4	93 514	
59	五		4	85 88 96 97 98 160 163 167(二) 204 274 276 498 540 590 600	
60	市		4	98	
61	丌		4	52	同夂
62	廿	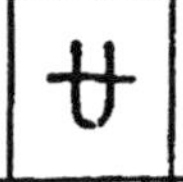	4	596	
63	乇		4	3	
64	孔		4	4	

78	77	76	75	74	73	72	71	70	69	68	67	66	65
曰	日	犬	匹	戈	丞	犬	太	州	不	扠	友	丮	木

4	4	4	4	4	4	4	4	4	4	4	4	4	4
3 99 156 165 166 167 203(四) 232(三) 270 272 275	4 78 143 154 206 273 274 275(二) 278 514 580 601	302	92 97 160 498	45 131 290 338 343 358 420 423 451 484 565 567 568 611	542	259 432	408	167 522	3(二) 99 159 205(二) 277(二) 293(二) 498 540	133 200	89(二) 91 185	280	63
		字殆存疑與犬別											

編號	隸定	銘文	劃數	器號	備註
79	中		4	4, 74, 92, 98, 155, 164, 166, 170, 378, 467, 494	或假為仲
80	毌		4	429	貫之初文
81	止		4	129, 483	
82	內		4	99, 435	
83	少		4	601	
84	月		4	1, 2, 4, 91, 92, 93, 94, 96, 97, 98, 106, 158, 159, 160, 163, 165, 166, 167, 204, 205, 206, 230, 273, 274, 275, 276, 277, 278(二), 293, 496, 498, 513, 514	
85	气		4	166	
86	牛		4	161	
87	午		4	168, 205, 230, 275, 277, 278, 496, 601	
88	毛		4	92, 108	
89	戶		4	419, 439	
90	及		4	4(二), 204, 276	
91	壬		4	96, 265, 448, 459, 470, 472, 496, 601	

				101	100	99	98	97	96	95	94	93	92
				父	爪	分	奴	反	兮	公	氏	勿	夨

				4	4	4	4	4	4	4	4	4	4
491 497 500 501 506 507 508 509 510 518 615	366 367 368 369 370 371 372 373 418 450 451 452 453 454 455 456 457 458 470 471 472 473 476 477 478 487 489	248 249 250 251 253 254 255 261 265 267 268 269 270 275(二) 276 277 287 344 345 346 347 348 349 350 354 358 359	145 147 155 156 162 167 173 175 176 177 178 179 193 194 195 196 197 198 202 203 204 205(三) 212 221 222 225 226 229 245 246 247	1(二) 2 4 46 47 48 49 54 55 58 63 64 69 77 81 82 88 94 103 107 109 111 123 124 125 126 127 131 139 140 142	352	542	333	580	155	71 85 90 92 93(二) 97(二) 98 99 103 104 160 163(四) 165 167 203(二) 206(二) 232(四) 278(三) 374 467 533 540 567 607	144 160 174 293 496	99 498	101 167(二)

編號	隸定	銘文	劃數	器號	備註
102	交		4	510	
103	亼		4	70 243	或與大同
104	永		5	2 73 75 76 80 81 82 86 87 90 96 98 104 105 106 111 112 145 146 148 150 153 154 155 158 160 162 164 165 168 173 174 175 180 205 229 277 454 492 493 494 495 496 497 498 499 500 501 507 508 509 512 513 616	
105	主		5	335	
106	立		5	98 599	
107	玄		5	563 601	
108	宁		5	24 54 72 353 370 437 444 476 503 510 515	
109	平		5	168 540 600 602	
110	玉		5	97	
111	司		5	50 77(二) 540 577 581 599	
112	民		5	1	
113	弗		5	97 99	
114	示		5	463	以丅為示

128	127	126	125	124	123	122	121	120	119	118	117	116	115
左	[illegible]	[illegible]	戉	北	世	古	疋	丙	匜	正	[illegible]	𠬝	未

5	5	5	5	5	5	5	5	5	5	5	5	5	5
87 580 599 602	285	273 274 275	573 592 593(二) 594(二) 598	98 389	4 152	203(二) 396	55	165 203 225 274(二) 275 342	492 499 500 501	2 3 4 20 21 106 158 163 216 217 230 256 274 278 417 496 498 499 513 514 583	139	433	167 275 498
			用與戉阝、越同		與枼[illegible]同		與足同		與也同	與征同			

編號	隸定	銘文	劃數	器號	備註
129	石		5	540(三)	
130	右	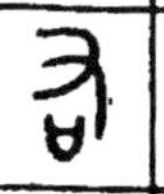	5	70, 71, 165, 531, 585, 590	
131	召		5	99	
132	戊		5	36, 50, 58, 139, 141, 159, 253, 287, 345, 346, 355, 370, 443, 452, 471, 476, 488, 507, 508, 518	
133	母		5	65, 74, 77, 108, 128, 141, 164, 166(二), 168, 201, 203(二), 230, 231, 258, 262, 288, 292, 491	168器以母為毋
134	且		5	1, 3(二), 45, 93, 96, 99, 151, 165, 192, 224, 259(六), 273, 342, 343, 357, 447, 448, 449, 469, 498, 514	
135	㠯		5	2, 4(三), 166, 168, 176(三), 177(三), 178(三), 179(三), 293, 514	
136	目		5	335	
137	甲		5	46, 98, 205, 245, 277	
138	申		5	96	
139	田		5	66, 102, 135	
140	冉		5	232	
141	兄		5	1, 2, 4, 204, 274, 276, 460, 514	
142	史		5	78, 161, 265, 278(四)	

		151	150				149	148	147	146	145	144	143
		乍	矢				用	台	乎	四	皿	皿	冊

		5	5				5	5	5	5	5	5	5
144 145 146 147 148 150 151 152 154 156 157 158 159 161 162 163 164 165(二) 167 168. 170 173 174 175 176 177 178 179 180	93(二) 94 96 97(二) 98(二) 99 100 101 102 103 104 105 106 107 108 109 110 111 132 133 134 135 136 137 138 139 140 141 142 143	2 3 4 59 60 63 64 65 66 67 68 69 73 74 75 76 77 78 79 82 84 85 86 87 88 89 90 91 92	160 167(二)	567 569 570 598(二) 599 601 616	228 229 231 232 269 271 272 273 276 277(三) 278 293 491 492 493 494 495 496 497 498(二) 499 500 501 502(四) 510 512(二) 513	144 145 146 147 148 150 151 152(二) 153(三) 154 155 156 158 159 160 161 163 164(三) 165(二) 166(四) 168 170 173 174(二) 175 180(四) 204 205(三)	1 2(二) 3(二) 74 75 76 80 81 85 86 87 88 89 90(三) 91 92 93 94(三) 96(三) 97 98(二) 99 104 105 106 110 111 112 136	1(二) 168(二) 232(四)	98	4 93 97 99 167 204 275 276 278 579	457	119	55 93 98 131 143 197 213 241 273 278 354 355 358 369 371(二) 470 517 614
											或言曾之初文		

編號	隸定	銘文	劃數	器號	備註
				201 202 203 204 205 206 214 223 224 225 226 228 229 230 231 252 255 257 258 261 262 263 265 266 267 268 269 270 271	
				272 273(二) 276 277 278(二) 287 288 291 292 293 359 372 374 467 474 475 477 486 488 489 492 493 494 495 497 498 499	
				500 501 502 509 510 511 512 513 514 521 564 569 591 592 595 597(四) 598(二) 601 616	
152	生		5	4 74 94 97 158 278 498 510	
153	句	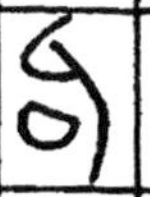	5	171 172 215 372 492	
154	罕		5	600	
155	未		5	118 373 540	
156	囟		5	164 180	
157	务		5	414	
158	白		5	59 69 76 81 83 86 88 90 93 94 101 107 108 109 132 144 153 160 161 167 176 177 178 179 180 203(二) 205(三) 229 263 267 268	
				270 277(二) 292 293(二) 491 496 499 500 513 616	
159	仦		5	99	
160	卯		5	97 163 204 206 271 276	
161	幼	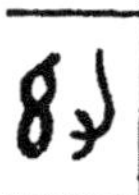	5	99	

175	174	173	172	171	170	169	168	167	166	165	164	163	162
弜	邘	夷	羊	交	亥	衣	亦	江	屰	宇	字	守	令
													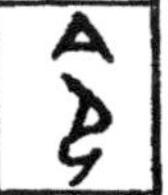
6	6	6	6	6	6	6	6	6	6	6	6	6	5
395	569	80 98	351 464 487 561	170	2 4 106 147 151 160 273 278 293	165 232	99 548	74	452 453	323	1 58 164	28 420 498(三)	157 167 274
	經傳作吳												

編號	176	177	178	179	180	181	182	183	184	185	186	187	188	189
隸定	彭	㓞	戎	𠦬	耳	叀	朿	吉	老	考	西	旨	共	邛
銘文			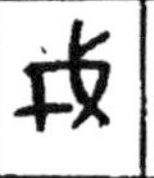		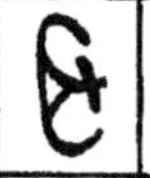			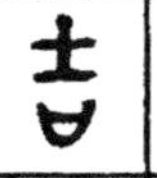						
劃數	6	6	6	6	6	6	6	6	6	6	6	6	6	6
器號	167	129	99	540	145 206(二) 218 435 551(二) 552(二) 561	3 83 84 91 99 161 165 498	93 157	1 2(二) 4(二) 79 92 96 98 106(二) 111 155 158 159 160 163 166(二) 168 173 175 206 230 232(二) 293 496 500 513 514 521 539 601	616	3(二) 78 96 98 99 144 145 152 154 157 164 165 206 490 510(二) 616	84 99 532	594	99 574	536
備註				字殆存疑										

203	202	201	200	199	198	197	196	195	194	193	192	191	190
囯	虫	光	⿸厂斤	戏	厺	而	在	有	百	成	⿰刀凡	至	朷

6	6	6	6	6	6	6	6	6	6	6	6	6	6
16	68 445	47 72 94 99 205 277 394 498 517	514	265	298	53	83 278 540	97 168	96 99 152 164 167(2) 510	93 99 167 540	614	99	33
	與它同		同祈		字殆存疑								

編號	隸定	銘文	劃數	器號	備註
204	冎		6	449	骨之初文
205	名		6	601	
206	多		6	89(二) 91 96 152 180 205 232 277 278	
207	年		6	76 81 83 87 89 94 96 98 99 105 106 146 148 150 154 155 158 162 163 165 166 168 173 180 205 206 277 278 491 492 493 494 495 496 497 501 510 512 522 532 540 579 581 582 583 596 600 602 616	
208	卭		6	203	
209	朱		6	574	字殆存疑
210	朿		6	197 560	
211	夙		6	3	
212	先		6	3 99	
213	舌		6	474 475 485	
214	竹		6	72 507 508	
215	伃		6	225	
216	各		6	97 152 165 206	

230	229	228	227	226	225	224	223	222	221	220	219	218	217
仌	犾	企	行	㚤	舟	仴	伐	乖	休	向	由	𠂤	自

6	6	6	6	6	6	6	6	6	6	6	6	6	6
253	130	433	80 169 176 177 178 179	164	473	3	99 157 167 232 312	3 78 89(二) 92 141 156 157 167(二) 203 214 490 521	3 85 92 94 97(二) 98 118 156(二) 159 160 161 163 165 167 206(二) 231 278 293	471	293(二)	83 98 99 205 277	2 4 74 79 106 162 230 497 513 521 564 591 592 597(二) 598(二)
或釋六六六	字殆存疑	字殆存疑											

編號	隸定	銘文	劃數	器號	備註
231	汈		7	3(五) 96 164 180	
232	宋		7	494 581	494器疑非宋字
233	辛		7	63 88(二) 89(二) 94(二) 151 154 163 196 198 206 224 254 259 271 272 286 343 348 349 353 359 368 447 453 454 455 469 473 478 543 615	
234	初		7	2 4 92 96 98 106 158 159 160 163 166 206 230 293 496 513	
235	忘		7	99 168	
236	甬		7	232(四)	
237	邦		7	99 584 600 602	
238	君		7	3 79 97(三) 99 202 513 519 520	
239	忌		7	166	
240	弄		7	519 520	
241	弛		7	97	
242	車	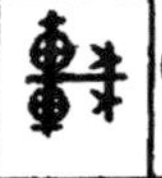	7	99 126 190 198 209 210 232(二) 242 307 321 330 331 351 421 422 464 505 533	
243	束		7	160 480 498	
244	坈		7	107	字殆存疑

編號	字	字形		出處	備註
245	[匚古]		7	169 170 173 174	與簠同
246	孝		7	1 96 164 180 503	
247	攻		7	112 376 564	376 器攻字存疑
248	臣		7	3 85 96 156(二) 180 206 269	
249	赤		7	91 98 99 165	
250	[友曰]		7	205 277	與友同
251	酉		7	94 275 281 447	
252	克		7	3 88 99 538	
253	丗		7	167	
254	矣		7	40 65 201 262 288 382 545	字殆存疑
255	[木个]		7	275	或釋為捈
256	圧		7	293	
257	[弋凡]		7	274	
258	辰		7	159 167 206 274	

編號	259	260	261	262	263	264	265	266	267	268	269	270	271	272
隸定	咢	有	豖	奔	夾	矦	㒸	貝	見	里	邑	町	串	𠭥
銘文														
劃數	7	7	7	7	7	7	7	7	7	7	7	7	7	7
器號	205	98	162 326 352 371 497	202	99 252	91 94(二) 99 157 158 167(四) 168(三) 204 206(四) 223 276 489 491 511 530 539	166	73 77 85 94 147 151 156 160(二) 163 231 269 271 274 275	213 278(二)	167	157 166 167	407	377	574
備註		字殆存疑		字殆存疑				或用貝為鼎				字殆存疑		

286	285	284	283	282	281	280	279	278	277	276	275	274	273
⿰户卩	⿰矢又	⿰女司	⿰台人	⿰台司	妥	孚	⿱业大	⿱山水	⿱山大	卣	呂	吴	⿱宀古
		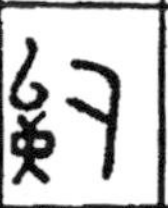		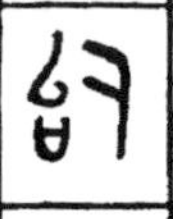									
7	7	7	7	7	7	7	7	7	7	7	7	7	7
140	88 345 448	136 148 231(二)	165	79	152 205 277 363 434	104 413	349	557	41 107 547	167	1 110 601	521	147 396
疑與邑同		與姒同		與姒同			字殆存疑	字殆存疑	字殆存疑				或釋作⿱冊口

編號	隸定	銘文	劃數	器號	備註
287	旬		7	76	
288	廷		7	98	
289	角		7	58	
290	告		7	370 437 507 508 568	或與造同
291	我		7	1 4 514	
292	夆		7	274	
293	身		7	3	
294	何		7	285	
295	兵		7	232	
296	伸		7	247	
297	佃		7	98	
298	盐		7	402	
299	攸		7	4(二) 98 477	
300	休		7	118	

301	302	303	304	305	306	307	308	309	310	311	312	313	314
余	徏	犭大	犭我	父巾	宓	宗	宋	官	宜	宀目	並	客	炎
	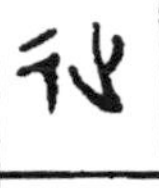												
7	7	7	7	7	8	8	8	8	8	8	8	8	8
1 166(三) 232 326 510 514 601	91 157 204 276	104	562	498	272	92 97(二) 153 161 163 204 276 278	99	71(二)	167(二) 275	388	88 348	154(二)	205(二) 277(二)
			字殆存疑										

編號	隸定	銘文	劃數	器號	備註
315	𢦏		8	582	
316	𥙷	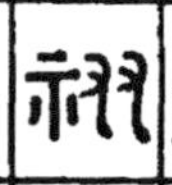	8	204	
317	京		8	111 206(二) 500	
318	庚		8	92 230 232(二) 261 271 278 354 355 369 373 442 460 493 509	
319	於		8	594	
320	羌		8	27	
321	𢱭		8	56	
322	盂		8	511 512 513	
323	祀		8	4 204 273 274 275 276	
324	阼		8	570	
325	居		8	513	
326	祓		8	404	字殆存疑
327	匡		8	99	
328	長		8	293(二) 572 600	

342	341	340	339	338	337	336	335	334	333	332	331	330	329
其	𢍏	兩	匩	亞	武	盂	延	兩	或	取	叀	東	事
				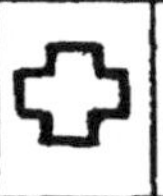									
8	8	8	8	8	8	8	8	8	8	8	8	8	8
2(二) 3(五) 4(二) 79 80(二) 81 82 86 87 88 89 96(三) 98 99 105 106(二) 110 111 112 146 148 150 152 154 155 158 162 163 164 165	461	92 162(二) 497(二)	99	40 52 53 61 65 72 130 147 201 237 273 274 281 347 352 361 368 382 412 428 432 438 461 462 466 471 545	93 99 167 275 595	134 166 493 502	176(二) 177(二) 178(二) 179(二)	52	99 167 204 276 616	39 250 325	423	70 167 204 276	97 599
	字殆存疑				167 器从玉				國之初文				

編號	隸定	銘文	劃數	器號	備註
				166(二) 173 174 176 177(四) 178(四) 179(四) 180 232(二) 273 274 275 316 492 493 494(二) 495 496(二) 497 498 500 501 509 510 514 582 616	
343	卲		8	165(二)	
344	盅		8	502	
345	芏		8	496	
346	兕		8	304 339	
347	林		8	97(二)	
348	杕		8	104	
349	杢		8	293	
350	夅		8	606	
351	尚		8	513	
352	門		8	147 232 582	
353	即	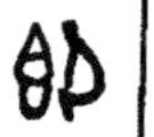	8	98 293(二)	
354	明		8	3 97	
355	昊		8	516	

369	368	367	366	365	364	363	362	361	360	359	358	357	356
周	服	朋	秉	詔	昏	受	茁	圻	客	妝	虎	叔	易
													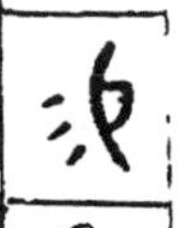
8	8	8	8	8	8	8	8	8	8	8	8	8	8
44 92 161 162(二) 204 276 278 497(二) 498(四)	278(二)	85 151 156 160 163 274 498	3	165(二)	68	88 150 232 493	446	2	154	292	79 116 183 546	161	77 91 94 97 147 159 160 163(三) 165 167(五) 204 206 231 232 271 272 273 276 498 594
276 器周从玉													

編號	隸定	銘文	劃數	器號	備註
370	希		8	117 468	假借為蔡
371	㪉	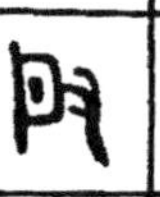	8	476 509	
372	所	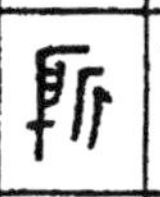	8	232(二) 575	
373	[illegible]		8	167	
374	秄		8	451	當刪
375	季		8	136 514 616	
376	牧		8	98 150	
377	訇		8	99	
378	不不		8	293	
379	佼		8	602	
380	隹		8	2 4 78 83 89 91 92 93 94 96 97 98 106 158 159 160 161 163 165 166 167 168 203 205 206 230 232 273 274 275 277	
				278 293 492 494 496 498 513	
381	兒		8	1 166	
382	帛		8	602	

396	395	394	393	392	391	390	389	388	387	386	385	384	383
恒	哀	言	亭	离	帝	客	室	宣	始	命	姑	金	兒

9	9	9	9	9	9	9	9	9	8	8	8	8	8
224	99	90 96 153 155 164(二) 166 168 184 259 294 333 375 492 495 502 614	184 294 333 375	315	274 275	171 172 215 227	97(二) 153 165 171 172 215	90	137 138	99 580 537 596	272	1 2 4 79 91 94 106 161 166 168 232 514 521	225
				字殆存疑					與姒同				

編號	隸定	銘文	劃數	器號	備註
397	旃		9	347 354	
398	爲		9	80 171(二) 172(二) 215(二) 502 601	
399	姜		9	155 158 159 161 228 502	
400	首		9	97 98	
401	敄		9	151	
402	春		9	514	
403	敃		9	3 166(二)	
404	降		9	162 497	
405	南		9	98 99	
406	封		9	3 168(二) 244 584 600(二) 602(二)	與邦同
407	剌		9	98 510	用與烈同
408	郚		9	596	
409	哉		9	99 232	
410	要		9	513	

423	422	421	420	419	418		417	416	415	414	413	412	411
覌	厘	習	咸	庫	栁		癸	相	昳	匽	政	眉	者

9	9	9	9	9	9		9	9	9	9	9	9	9
510	580	4	123 278 584	540	98(三)	458 460 473 510	4 55 64 65 103 127 128 143 145 151 192 197 201 204 222 250 251 255 259 262 266 273 276 288 336 350 449 456 457	232 584 600 602	297	2 85 94 499 511 585 595	99	2 4 87 96 106 164 174 176 177 178 179 180 491 494 495 503 512 513 514	2 91 168(二) 202 232 594
		與友同							吳之異構	經傳作燕		䰯之假借	

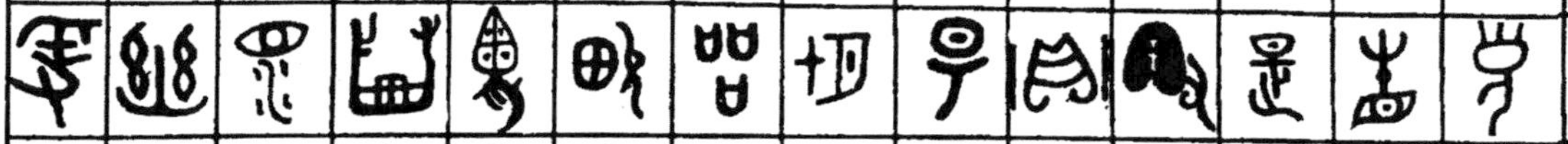

編號	隸定	銘文	劃數	器號	備註
424	覍		9	255	
425	省		9	167	
426	是		9	1 369 513 514	
427	敗		9	306	
428	側		9	351 464	
429	昜		9	156	與陽同
430	明		9	270	
431	品		9	97 204 276	
432	眈		9	96 180	
433	胃		9	601	
434	[illegible]		9	439	疑與畎同
435	眔		9	157	
436	幽		9	98 99	
437	羑		9	88	

451	450	449	448	447	446	445	444	443	442	441	440	439	438
郃	姞	[illegible]	[illegible]	禹	帥	皇	[illegible]	拜	圭	軍	[illegible]	益	[illegible]

9	9	9	9	9	9	9	9	9	9	9	9	9	9
165	97(三) 175	43	498	99	3	3(三) 4 82 84 90 93 96 99 162 164(二) 166 497 514	529	97 98	273	232 540 585 590 599	226	365	413

編號	隸定	銘文	劃數	器號	備註
452	俞		9	263 485	作艅
453	弇		9	582	
454	[illegible]		9	293 419	
455	徣		9	157 168	與征同
456	[illegible]		9	1	
457	後		9	1	
458	室		10	72 88 93 160 507 508	
459	家		10	89 156 206 274 558 615	
460	宴		10	4	
461	宮		10	98 159 205 277 498(三)	
462	[illegible]		10	176 177 178 179	
463	亳		10	131 358	
464	旅		10	68 73 101 104 132 144 167(二) 170 173 175 180 186 187 205 229 257 277 292 300 301 347 535 554	
465	畜		10	514	

479	478	477	476	475	474	473	472	471	470	469	468	467	466
㱿	戒阝	盉	祝	神	祐	惷	閗	啚	書	𠧪	益	差	羖

10	10	10	10	10	10	10	10	10	10	10	10	10	10
308	566	401 528	293	152	204 276	99	322 456	159	514(上)	82 162 170 492 497	137 138	521	245 246 305
													與養同

編號	480	481	482	483	484	485	486	487	488	489	490	491		492
隸定	耿	戢	馬	桒	耇	耆	莆	華	茻	甫	荏	孫		晉
銘文														
劃數	10	10	10	10	10	10	10	10	10	10	10	10		10
器號	99	17 319 320	92 93 97 150 160 205 232(四) 277 278 498 540 575 580 599	161	206	584	71	149	168	31 236 481	496	1(二) 2 4(二) 73 75 81 82 86 90(二) 94(二) 96(二) 98(二) 99 106(三) 110(二) 111(二) 112(二) 146(二) 148(二) 150(二) 152 153(二) 154(二) 155(二) 158(二) 162 163	164(四) 165(二) 166(四) 175 180(二) 206 492(二) 493 494(二) 495(二) 496(二) 497(二) 498(二) 500(二) 501 502(二) 509 510 513(二) 514(二) 616	533
備註														

506	505	504	503	502	501	500	499	498	497	496	495	494	493
[illegible]	乘	朕	[illegible]	奚	邑	敳	[illegible]	[illegible]	員	朋	[illegible]	[illegible]	[illegible]
							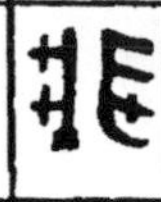						
10	10	10	10	10	10	10	10	10	10	10	10	10	10
166	99 232(二)	3 78 98 154 164 334 601	148	237	161 167	205 277	61	3 167(二)	252 291	244 371 559	142 194 211 212 506 613	125 346	342
							字殆存疑						

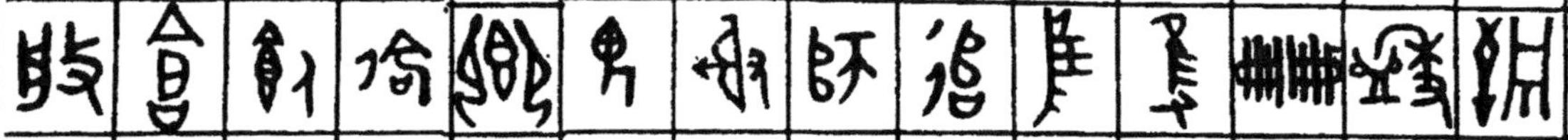

編號	隸定	銘文	劃數	器號	備註
507	矢宁		10	392	
508	盇		10	162 291 292 497	
509	冊冊		10	354	
510	隻		10	99 273 350	
511	急		10	99	
512	追		10	1 4 144 164 205 277	
513	師		10	206 232 498(二) 501 502	
514	射		10	293	
515	鬼		10	225	
516	卿		10	54 72 91 98 167 293 353 444 510	
517	佮		10	599	
518	飤		10	1 106	
519	倉		10	25	
520	般		10	494 495 502	與盤槃同

534	533	532	531	530	529	528	527	526	525	524	523	522	521
商	竟	寅	⿱宀帚	浠	淖	淢	⿴行从	⿱从竝	⿰火卿	⿱亼邑	⿰余阝	徒	般

11	11	11	11	11	11	11	10	10	10	10	10	10	10
77 92 93 151 157 161 167(二) 232(二) 269 278	114 214	92 98 165 232	151 483	95	168	293	611	429	605	599	4 570	87 512 577	99 204 274 276
92.161.93器从貝					與朝同				字殆存疑	字殆存疑	經傳作徐		274器般字存疑

編號	隸定	銘文	劃數	器號	備註
535	高		11	510 580 596	
536	亶		11	157(二) 284	與啚、鄙同
537	望		11	97 166(二) 204 276 278	
538	康		11	98 157 165 530	
539	庶		11	4 167 581	
540	鹿		11	81	
541	率		11	99	
542	雩		11	28 99 278 318	
543	翌		11	273 275(二)	
544	[illegible]		11	273	
545	巽		11	65 176 177 178 179 201 262 288 489	
546	陳		11	596	
547	陰		11	176 177 178 179	
548	[illegible]		11	213	字殆存疑

562	561	560	559	558	557	556	555	554	553	552	551	550	549
埜	麥	桼	黃	勒	華	鬲	基	頂	都	匽	𢍏	執	𢽾

〃	〃	〃	〃	〃	〃	〃	〃	〃	〃	〃	〃	〃	〃
569	91	410	98 205 206 277	98	230	74 108 110 111 112 441	2	272(二)	566	282 398	498	232 600	274
與野同		字殆存疑						字作顚存疑					

編號	隸定	銘文	劃數	器號	備註
563	㰟		11	143	
564	悊		11	3	與哲同
565	[illegible]		11	99	
566	啚		11	157	
567	戰		11	342	當刪
568	曼		11	30	
569	[illegible]		11	26	
570	[illegible]		11	166	
571	喛		11	206	
572	異		11	3 93	
573	虖		11	99	
574	唯		11	99 180	
575	娊		11	332	
576	祭		11	4 78 514	

577	啓		11	510	
578	魚		11	127 229 248 366 450	
579	造		11	581 583 584	
580	鳥		11	309 327	
581	畐		11	591	
582	既		11	93 94 97 204 274 276 278(2) 498	
583	毀		11	132 136 137 138 141 146 148 150 152 153 154 155 158 162(2) 163 164 165 166 497(2)	
584	肇		11	61	
585	婦		11	56 57 256 272 327 356	
586	姬		11	110 111 146 493 495 500 501	
587	婺		11	272	
588	得		11	1 3 306	3器从手从貝
589	從		11	91 160 486	
590	御		11	521	

編號	隸定	銘文	劃數	器號	備註
591	[illegible]		11	231	
592	[illegible]		12	157	
593	湯		12	496	
594	[illegible]		12	94(=)	
595	富		12	589	
596	[illegible]		12	271	
597	[illegible]		12	176 177 178 179	
598	寓		12	271	當刪
599	童		12	573	
600	訶		12	1	與歌同
601	鄲		12	71 571	
602	[illegible]		12	275	
603	[illegible]		12	4	
604	[illegible]		12	399	

605	606	607			608	609	610	611	612	613	614	615	616
⿰羊先	善	尊			奠	曾	登	琱	⿰耳冃	⿱其攴	陽	陲	⿱粦廾
									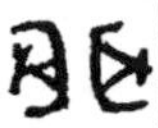				
12	12	12			12	12	12	12	12	12	12	12	12
42	87 111 164 173	63 66 67 76 82 83 85 90 92 93 94 96 98 102 103 108 109 111 133 134 139 140 141 142 143 147 148 151 152	154 155 156 157 158 161 162 164 167 200 202 203 206 226 228 263 265 266 267 268 270 272 273 275 278 293 372 477 490	496 497 498 509 510	86 99 150 167 261 389	22 23 193 524	44 86 129	162 497	324	316	98(二) 176 177 178 179 562 584	70	97
		从卩者亦歸此			經傳作鄭		44漫漶不清						

編號	隸定	銘文	劃數	器號	備註
617	惠		12	99 164(二)	
618	逨		12	293	
619	喜		12	2 4 78	
620	敢		12	3 99 165 293	
621	埜		12	161	
622	斯		12	99	
623	喪		12	99	
624	散		12	267 268	
625	極		12	180	
626	萬		12	4 76 81 87 89 94 96 98 99 105 106 146 148 150 154 155(二) 158 162 163 166 173 174 180 205 206 277 442 491 492 493	162器作邁从辵
				494 495 496 497 501 506 510 512 514 560(二)	
627	眭		12	578	字殆存疑
628	貯		12	415 603	
629	貝句		12	386 397	

643	642	641	640	639	638	637	636	635	634	633	632	631	630
嬀	絲	舁	劓	無	智	毳	[罒夗]	因世	買	[止帚]	[厂囟殳]	單	圍
	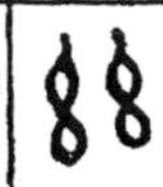												
12	12	12	12	12	12	12	12	12	12	12	12	12	12
491	88 498	540	89	2 4 96(二) 100(二) 155 164 176 177 178 179 492 493 494 495 496 512 582	72 519 520	498	89	498	190 242 331 421 422	43	222	112 446 463	18 19 21 216 217 232 417
								世之緐文					

編號	隸定	銘文	劃數	器號	備註
644	嫂	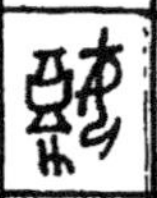	12	238	
645	徙		12	241	
646	須		12	34 324	34器存疑
647	戠		13	165	
648	新		13	566	
649	遂		13	92 167 498	
650	[illegible]		13	489	
651	雁		13	158	
652	雍		13	89 575	
653	義		13	13	
654	登		13	129	
655	肅		13	99	
656	群		13	2 168	
657	[illegible]		13	3 92 93 94 97 98 153 159 160 163 165 167 206 231 278 293 498 510	與揚同

671	670	669	668	667	666	665	664	663	662	661	660	659	658
[illegible]	[illegible]	鼎	蕐	[illegible]	[illegible]	鼓	聖	壽	壺	裘	辟	[illegible]	福

13	13	13	13	13	13	13	13	13	13	13	13	13	13
574	161	60 61 62 68 75 76 79 81 82 84 86 87 90 91 93 96 98 99 119 162 163 497(二) 506 560	60	498	99	2	97 99 499	2 4 80 87 96 99 106(二) 164 166 168 174 176 177 178 179 180 206 491 494 503 512 513 514	162 224 225 228 229 230 231 232 332 497	159 232	3 99 145 278	163	96 152 180 493
	與欝同								162 器壺从金			與肆同	

編號	672	673	674	675	676	677	678	679	680	681	682	683	684	685
隸定	睗	咒卩	農	虘又	虞	圓	罒辰	戰	業	塍	句句	雋	鳥干	倸
銘文														
劃數	13	13	13	13	13	13	13	13	13	13	13	13	13	13
器號	205 277	607	3 66 102 135	4	601	15	541	145	595	491	249 253 287 344 518	279 527	93	2 93 94 106 161(二) 166 168 204(二) 231 276(二) 591
備註						15器乃圓之初文								从缶 與保同，168器保缶

699	698	697	696	695	694	693	692	691	690	689	688	687	686
鄜	鼏	誕	語	訸	賓	寧	獏	備	媿	[女員]	艅	傳	賃

14	14	14	14	14	14	14	13	13	13	13	13	13	13
112	109	157	1	1 2 4	4 64 204 276 323	152	195 273 274(=) 275(=)	204 274 275 276	144	82 162(=) 497(=)	263	537	537
				與龢、和同	64器作宁初文					與妘同			

編號	隸定	銘文	劃數	器號	備註
700	[鹿口]		14	81	
701	廣		14	99	
702	齊	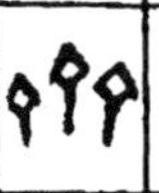	14	146 167 168(二) 232 493 495 572	
703	[羊朋]		14	544	字殆存疑
704	翟		14	78	
705	劃		14	589	
706	[陳土]		14	168 578 588	
707	輘		14	531	
708	[馬殳]		14	99 313 403 553	
709	[耳昏]		14	4	與聞同
710	嘉		14	4	
711	慕		14	99	
712	蒷		14	80	
713	[業示]		14	514	與世同

727	726	725	724	723	722	721	720	719	718	717	716	715	714
賸	細	對	圖	鳴	遣	團	嘗	犬肰	⻖敎	否舌	鳶	疑	蔑

14	14	14	14	14	14	14	14	14	14	14	14	14	14
577	510	3 92 98 99 156 159 161 163 165 206 293 498	167(二)	4	99 156 175 278	205 277	168	550	482	205 277 293 498	310 311 384 385	67 157 490	3 88 97 204 276 293(二)
										293 器不从口	或釋作難		

編號	隸定	銘文	劃數	器號	備註
728	[illegible]		14	70	
729	[illegible]		14	99	
730	逮		14	1	
731	[illegible]		14	459	
732	[illegible]		14	171 172 215	
733	[illegible]		14	374	
734	[illegible]		14	168	
735	[illegible]		14	514	[illegible]从金
736	肇		14	3 152 206 293	
737	[illegible]		14	514	與妣同
738	[illegible]		14	293	
739	[illegible]		14	599	
740	[illegible]		14	163	與造同
741	[illegible]		14	176 177 178 179	與盨同

755	754	753	752	751	750	749	748	747	746	745	744	743	742
⿱聑大	萛	駟	髮	輪	⿰車戈	⿰革罒	⿱埶女	輦	璋	廟	慶	諆	賫

15	15	15	15	15	15	15	15	15	15	15	15	15	15
491	498	232	205 277	29 296 379 479	167	416	232(二)	266	2	98 147	176 177 178 179	4 106 152	15 92
						字殆存疑							

編號	隸定	銘文	劃數	器號	備註
756	⿱高南		15	167	
757	熙		15	4(二)	
758	檇		15	92 223 374	
759	⿰黄攵		15	160(三)	
760	⿱木鼎		15	62 69	
761	懋		15	205	
762	⿸厂⿰⿱冊貝刂		15	70	字殆存疑
763	奭		15	274	
764	⿱大龜		15	56 57 240(二) 254	
765	蝠		15	425	
766	⿰屵光		15	235 488	
767	號		15	90 175	
768	細		15	292	
769	魯		15	87 512	

783	782	781	780	779	778	777	776	775	774	773	772	771	770
縈	諻	寰	洎	德	衛	媏	盤	㱃	[illegible]	僤	樂	稽	稼
					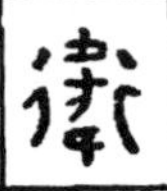					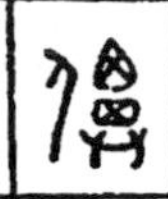			
16	16	16	16	15	15	15	15	15	15	15	15	15	15
495	4(二)	61 72 438	565	3 89	137 138 148 157 188 430 431 609	86	162 492 493 494 497	1 299 512	514	498	1 2 4	97 98	317
								與飲同	與寶同	與祼同			

編號	隸定	銘文	劃數	器號	備註
784	褱		16	192 455 478	
785	辨		16	142 278	
786	龍		16	341 426	
787	𦎫		16	99 168	與敦同
788	𣪕		16	174	
789	義		16	98	
790	遲		16	69	
791	鼓		16	4 232	
792	擇		16	2 4 79 106 232 514 521	
793	鼎		16	162 497	與具同
794	遺		16	99	
795	器		16	80 162 168 497	
796	羃		16	106	
797	臧	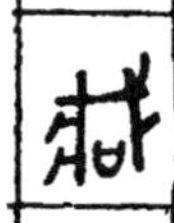	15	176 177 178 179	

編號	字	字形	期	出處	備註
798	歷		16	99	
799	緐		16	92	
800	膝		16	232	
801	⿺辶無		16	1	與舞同
802	穆		16	3(四) 97(二) 99 293(三)	
803	雔		16	110	
804	興		16	219 220	
805	鋹		16	595	與鐶同
806	⿰女勣		16	612	與⿰女尌同
807	⿱衛止		16	232	與率同
808	⿱宀⿰𩰫黽		17	206	字殆存疑
809	⿰忄桼		17	62	
810	⿱旅車		17	59 100 223 278	
811	戴		17	103	

編號	隸定	銘文	劃數	器號	備註
812	醜		17	208	
813	薦		17	230	
814	[illegible]		17	498(二)	
815	惏		17	205(二) 277(二)	
816	[illegible]		17	4	
817	曆		17	3 88 97 204 276 293(二)	
818	嬰		17	39 233 314 325 409 567	與倗同
819	[illegible]		17	1	字殆存疑
820	[illegible]		17	484	
821	[illegible]		17	498	
822	[illegible]		17	337	
823	𤔲		17	87 98(二) 112 157 165 232 512	
824	[illegible]		17	97(二)	
825	臢		17	99	

編號	字	字形		器號	備註
826	[illegible]		17	100	
827	[illegible]		17	197	或釋册之緐文
828	[illegible]		17	80	
829	[illegible]		17	60	字殆存疑
830	鍞		17	71	
831	[illegible]		17	113 239	
832	盨		17	175 180	
833	寵		18	3	
834	[illegible]		18	4	
835	離		18	286	
836	[illegible]		18	96 166 491 503 513	
837	[illegible]		18	89 498	
838	彌		18	99	
839	鼓		18	232	

編號	隸定	銘文	劃數	器號	備註
840	職		18	595	
841	[illegible]		18	167	
842	[illegible]		18	424	
843	豐		18	89 269 278 293	
844	[illegible]		18	278	
845	孌		18	355	
846	彝		18	59 64 66 67 77 83 85 92 93 94 101 102 107 109 133 134 135 139 140 142 143 147 156 157 161 163 167 200 202 203(蓋) 204 205 206 214 223 226 257 261 263 265 266 267 268 269 270 271 272 273 276 277 278 290 293 359 372 374 477 486 489 490 509 510	
847	[illegible]		18	511 513	
848	[illegible]		18	48 49	
849	鎜		18	491	
850	龏		19	37 38 77 121 122 196 339 340 362 441 608	
851	[illegible]		19	166	
852	[illegible]		19	514	與欒同

864	863	862	861			860	859	858	857	856	855	854	853
蘗	𩣡	騳	譱			寶	鏐	[illegible]	霸	鼉	彊	弴	[illegible]

20	20	20	20			20	19	19	19	19	19	19	19
153	257	47 142 211 212 506	87 111 164 173	180 202 204 206(二) 225 226 229 231 263 270 276 374 477 489 490 492(二) 493 494 495(二) 496 497 498 500 501(二) 502 509 510 512 513 616	110 111 112 134 135 139 140 141 142 145 146 148(二) 150 151 152 153(二) 154(二) 155(二) 158 159 161 162 163 164 165(二) 166 170 173 174(二) 175	60 63 66 67 68 73 75(二) 76 81 82 83 84 85 86(二) 87 88 89 90 92 93 94(二) 96 97 98 99 102 103 104 105 109	563 601	205 277	93 94 97 278 498	163(三)	89 96(二) 106 155 164 176	35 390	226
		馬之繇文											與奪同

編號	隸定	銘文	劃數	器號	備註
865	獻		20	100 103 104 105 106 232	與甗同
866	緐		20	92	
867	𪔂		20	272	
868	鐘		20	1 2 4	
869	僊		20	233 314	
870	隮		21	510	
871	嬉		21	92	
872	𧰾		21	559	字殆存疑
873	𢐗		21	509	
874	鐱		21	588 589 595 598(二)	
875	𥢨		21	584	
876	𩃂		22	232(二)	
877	懿		22	99	
878	鑄		22	1 93 112 171 172 174 215 232 496 514	215作盨．經傳作祝

892	891	890	889	888	887	886	885	884	883	882	881	880	879
鑘	[illegible]	[illegible]	[illegible]	[illegible]	[illegible]	[illegible]	[illegible]	[illegible]	[illegible]	[illegible]	顯	[illegible]	鑑

29	28	27	24	24	23	23	23	23	23	23	23	22	22
162 497	124	97 110	275	69	93	1 601	137 138	137 138	85 94 95 108 205(二) 275 277 359	72	3(二) 99	146 495	519 520 521
與罍同													

編號	893	894
隸定		
銘文		
字數	30	37
器號	142 211 212 506	191 289 328 329
備註		

四、錄遺所見難字單字表　No. 一〇〇三／一〇〇四

編號	銘文	器號	備註
1	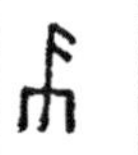	32	
2		41 191 289 328 329	疑為冉．
3		46	
4		51 465	
5		51 465	
6		57	
7		62	
8	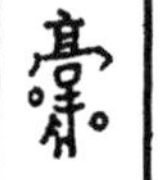	65 201 262 288	
9		67 136 157 490	
10		73	
11	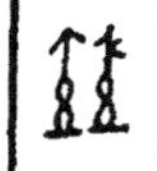	73	疑為玆
12	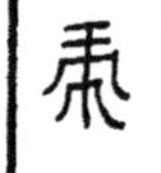	79	
13		79	
14		83	
29		145	
30		149	
31		153	
32	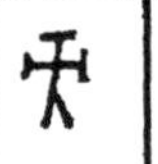	156	
33	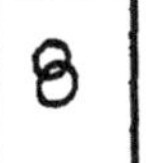	165	本圖之古文，假借為韝
34	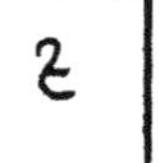	166	
35	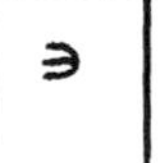	166	
36	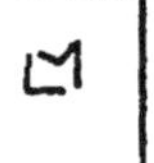	166	
37	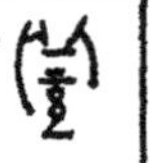	166	
38		169	
39	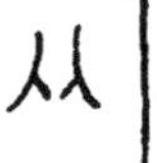	172	
40	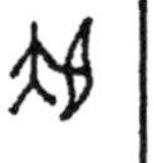	203(二)	
41		203	
42		203	

28	27	26	25	24	23	22	21	20	19	18	17	16	15
				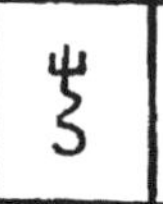			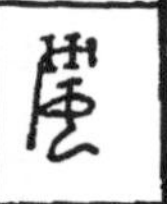						
144	143	143	133 200	130	124 407 424 440	120 192 251 455 458 478	120	115	103	97	93	85	85
						458器省出 已入表三，刪。			已入表三，刪。				

56	55	54	53	52	51	50	49	48	47	46	45	44	43
										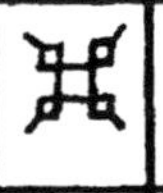			
283	274	270	267 268	266	261	243	234	225	221	221	207	206	205 277
				或釋奎之緐文								疑為長	

編號	57	58	59	60	61	62	63	64	65	66	67	68	69	70
銘文			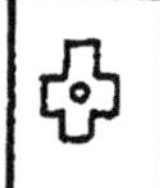		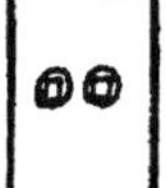					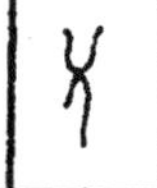		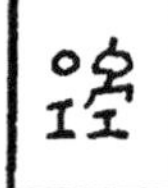		
器號	295	303	322	326	338	356	356	360	364	367	368	373	380 381	383
備註														

編號	85	86	87	88	89	90	91	92	93	94	95	96	97	98
銘文									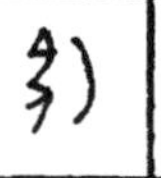	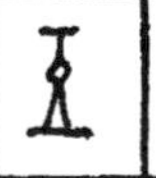	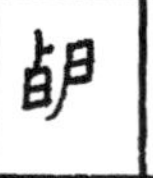			
器號	469	471	476	485	496	501	504	508	536	536	540	540	541	555
備註														

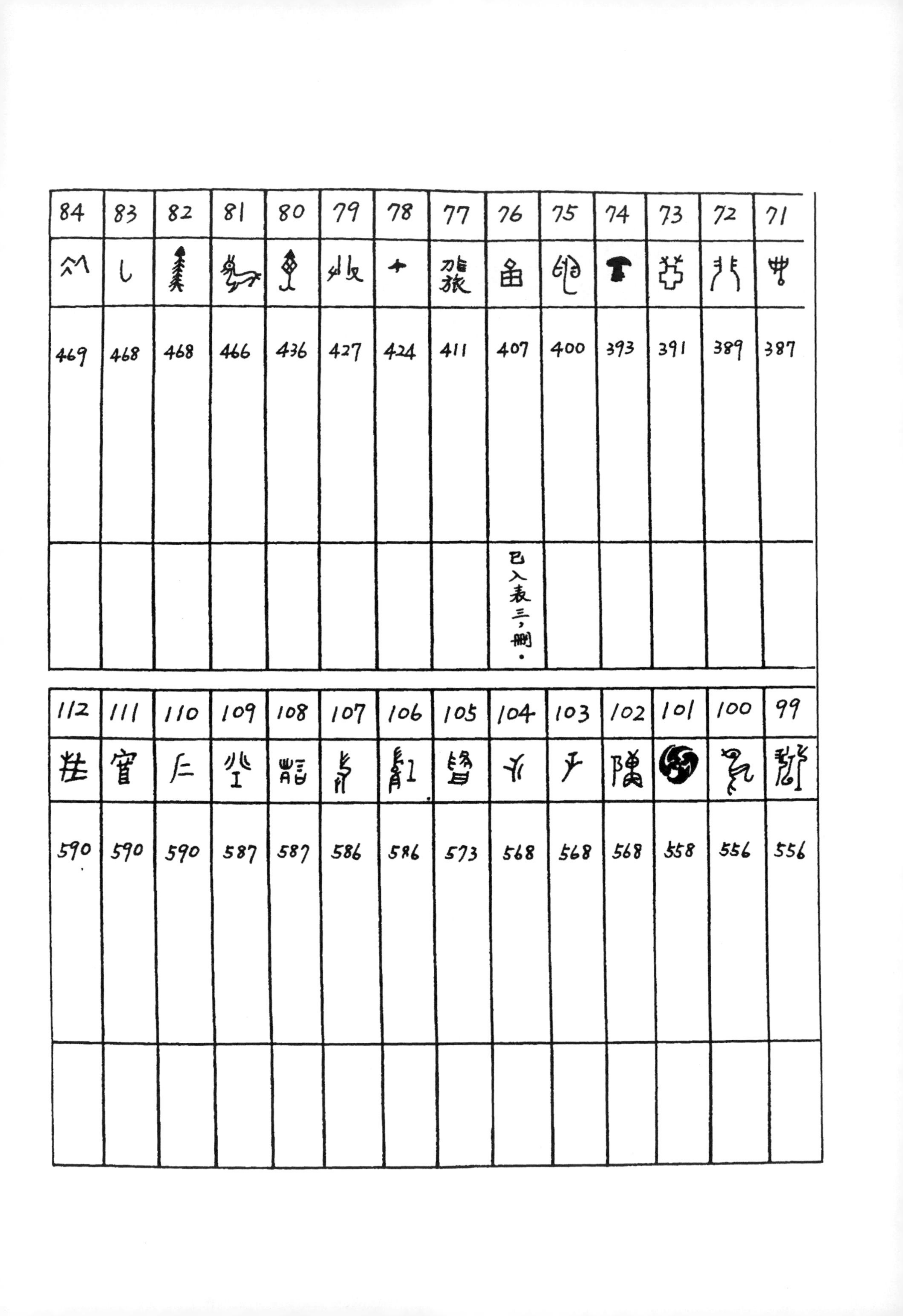

84	83	82	81	80	79	78	77	76	75	74	73	72	71
[illegible]	[illegible]	[illegible]	[illegible]	[illegible]	[illegible]	[illegible]	[illegible] 旅	[illegible]	[illegible]	[illegible]	[illegible]	[illegible]	[illegible]
469	468	468	466	436	427	424	411	407	400	393	391	389	387
								已入表三，刪。					

112	111	110	109	108	107	106	105	104	103	102	101	100	99
[illegible]	[illegible]	[illegible]	[illegible]	[illegible]	[illegible]	[illegible]	[illegible]	[illegible]	[illegible]	[illegible]	[illegible]	[illegible]	[illegible]
590	590	590	587	587	586	586	573	568	568	568	558	556	556

No. 一〇八 一〇七

編號	銘文	器號	備註
113	[illegible]	595	
114	[illegible]	595	
115	[illegible]	596	
116	[illegible]	596	
117	[illegible]	596	
118	[illegible]	596	
119	[illegible]	599	
120	[illegible]	599	
121	[illegible]	599	
122	[illegible]	599	
123	[illegible]	599	
124	[illegible]	600	
125	[illegible]	600	
126	[illegible]	600	

編號	銘文	器號	備註

129	128	127

610	604	600

參考書目

一、經類：

周易正義　唐・孔穎達疏　十三經注疏本　藝文
尚書正義　唐・孔穎達疏　十三經注疏本　藝文
毛詩正義　漢・鄭玄箋　十三經注疏本　藝文
春秋左傳正義　唐・孔穎達疏　十三經注疏本　藝文
春秋公羊傳注疏　唐・徐彥疏　十三經注疏本　藝文
春秋穀梁傳注疏　唐・楊士勛疏　十三經注疏本　藝文
周禮注疏　唐・賈公彥疏　十三經注疏本　藝文
儀禮注疏　唐・賈公彥疏　十三經注疏本　藝文
禮記注疏　唐・孔穎達疏　十三經注疏本　藝文
大戴禮記解詁　清・王聘珍　世界
論語注疏　宋・邢昺疏　十三經注疏本　藝文
孟子注疏　漢・趙岐注　十三經注疏本　藝文
爾雅注疏　宋・邢昺疏　十三經注疏本　藝文
釋名　漢・劉熙撰　藝文
經典釋文　唐・陸德明撰　鼎文
一切經音義　唐・慧琳撰　大通

說文解字　漢・許慎撰　藝文
說文解字注　清・段玉裁注　黎明
說文古籀補　清・段玉裁撰　藝文
說文古籀補補　丁福保撰　藝文
說文古籀三補　強運開撰　商務
說文通訓定聲　朱駿聲撰　藝文
說文古文疏證　舒連景撰　藝文
說文釋例　王筠撰　世界
說文解字校錄　鈕樹玉撰　商務
說文解字詁林　丁福保撰　鼎文
說文中之古文考　商承祚撰　學海
說文解字六書疏證　馬叙倫撰　鼎文
說文闕義箋　丁山撰　中研院史語所
說文正補　魯實先先生撰　黎明
假借遡原　魯實先先生撰　文史哲
新定說文古籀考　周名煇撰　文海
說文解字古文釋形考述　邱師德修撰　學生
字說　吳大澂撰　藝文
廣雅疏證　王念孫撰　鼎文
史籀篇疏證　王國維撰　商務

方言校箋　周祖謨撰　鼎文
中國字例二冊　高鴻縉撰　廣文
古文字學導論　唐蘭撰　樂天
中國文字學　龍宇純撰　學生
文字學　衛聚賢撰　黎明
校正宋本廣韻　陳彭年撰　黎明
集韻　丁度撰　里仁
中國聲韻學通論　林師景伊撰　世界
古音學發微　陳師伯元撰　文史哲
蘄春黃氏古音說　謝師一民撰　嘉新
訓詁學講義　周師一田撰　師大出版組油印本
中國文字叢釋　田倩君撰　商務
汗簡箋正　郭忠恕撰　廣文
古匋文孴錄　顧廷龍撰　文海
璽印文字徵　羅福頤撰　藝文
魏三體石經殘字集證　呂振端撰　學海
經籍纂詁　清・阮元撰　宏業

二、史類：

史記　司馬遷撰　武英殿刊本　藝文

漢書　班固撰　虛受堂本　藝文
後漢書　范曄撰　藝文
國語　韋昭注　天聖明道本　藝文
戰國策　劉向集錄　標點本　九思
竹書紀年八種　楊家駱編　世界
先秦史　姚秀彥撰　里仁
古史考存　劉節撰　香港太平
西周文史論叢　岑仲勉撰　商務
殷商氏族方國志　丁山撰　大通
通志　鄭樵撰　商務

三、子類：

墨子閒詁　孫詒讓撰　瑞安孫氏活字印本　藝文
管子校正　尹知章注　戴望校正　世界
莊子集解　王先謙撰　河洛
荀子集解　王先謙撰　藝文
呂氏春秋集釋　許維遹撰　鼎文
韓非子校釋　陳啓天撰　商務
淮南鴻烈集解　劉文典撰　商務

四、集部：

昭明文選　李善注　弘道

楚辭集註　朱熹註　藝文

太平御覽　李昉等撰　明倫

龔自珍全集　龔自珍撰　河洛

觀堂集林　王國維撰　河洛

王觀堂先生全集十六冊　王國維撰　文華

董作賓學術論著　董作賓撰　世界

董作賓先生全集甲乙編十二冊　董作賓撰　藝文

孫籀廎先生集　孫詒讓撰　藝文

羅雪堂先生全集　羅振玉撰　文華

書傭論學集　屈萬里撰　開明

高明論學雜著　高師仲華撰　黎明

梅園論學續集　戴君仁撰　開明

中國兵器史稿　周緯撰　三聯

凡將齋金石叢稿　馬衡撰　明文

半坡遺址綜述　林壽晉撰　中文大學

通藝錄　程瑤田撰　安徽叢書

五、甲文類：

書名	作者	出版	簡稱
鐵雲藏龜	劉鶚	清光緒二十九年(成)・藝文	藏
殷虛書契前編	羅振玉	一九一二年・拓本・藝文	前
殷虛書契菁華	羅振玉	一九一四年・拓本・北平富晉	菁
鐵雲藏龜之餘	羅振玉	一九一五年・拓本・香古叢編	餘
殷虛書契後編	羅振玉	一九一六年・拓本・藝文	後
戩壽堂所藏殷虛文字	王國維	一九一七年・拓本・藝文	戩
殷虛卜辭	明義士	一九一七年・摹本・藝文	明
龜甲獸骨文字	林泰輔	一九二一年・拓本・藝文	甲
北京大學藏甲骨刻辭	唐蘭	一九二三年・未刊・	京
鐵雲藏龜拾遺	葉玉森	一九二五年・拓本・香港	拾
簠室殷契徵文	王襄	一九二五年・拓本・天津博物館石印本	簠徵
新獲卜辭寫本	董作賓	一九二九年・摹本	新寫
福氏所藏甲骨文字	商承祚	一九三三年・拓本・金陵大學印	福
卜辭通纂	郭鼎堂	民國二十二年五月・東京文求堂	卜
殷契佚存	商承祚	民國二十二年十月・金陵大學印	佚
殷虛書契續編	羅振玉	一九三三年・拓本・藝文	續
柏根氏舊藏甲骨文字	明義士	一九三五年・拓本	柏根
甲骨文錄	孫海波	河南通志館・一九三七年・拓本・藝文	錄
殷契粹編	郭鼎堂	大通・一九三七年・拓本・大通	粹

甲骨卜辭七集	方法斂	一九三八年・摹本	七
殷契遺珠	孫海波	民國廿八年五月・上海中法文化出版委員會	珠
雙劍誃古器物圖錄	于省吾	一九四〇年・照片	雙古
殷契摭佚	李旦丘	二卷，一九四〇年・來薰閣書店	摭
甲骨六錄	胡厚宣	一九四五年・摹本・	六
殷虛文字甲編	董作賓	一九四八年・拓本・中研院史語所	甲編
殷虛文字乙編	董作賓	一九四八－一九五三年・拓本・中研院史語所	乙
殷契摭佚續編	李旦丘	一九五〇年，拓本	摭續
殷契拾掇	郭若愚	一九五一年・拓本・上海	掇
東方學報第二十三冊	京都	一九五二年・拓本・	東方
殷契拾掇第二編	郭若愚	一九五三年・拓本	掇二
戰後京津新獲甲骨錄	胡厚宣	一九五四年・拓本	新
甲骨續存	胡厚宣	一九五五年・拓本・上海群聯	續存
殷虛文字外編	董作賓	一九五六年・拓本・藝文	外
海外甲骨錄遺	饒宗頤	一九五八年・拓照	海外
甲骨文零拾	陳邦懷	一九五九年・拓本	陳
殷虛卜辭後編	許進雄	一九七二年・拓本・藝文	卜後
增訂殷虛書契考釋	羅振玉	王國維手寫石印本・藝文	增考
殷曆譜	董作賓	四冊，史語所石印本・中研院史語所專刊	原名
殷虛卜辭綜述	陳夢家	民國四十五年七月・大通	綜述

甲骨文字集釋	李孝定	八册　史語所(再版)一九七〇年	集釋
殷虛書契前編集釋	葉玉森	大東書局石印本	前釋
殷契駢枝	于省吾	民國廿九年十月・藝文	駢枝
殷契駢枝續編	于省吾	民國三十年八月・藝文	駢續
殷契駢枝三編	于省吾	民國三十三年五月・藝文	駢三
殷契瑣言	陳邦福	民國廿三年四月	瑣言
殷虛文字存真	許敬參	民國廿二年六月	存真
殷契賸義	陳直	民國十九年	賸義
殷契鉤沉	葉玉森	民國廿二年十二月・學衡二四期	鉤沉
殷契徵醫	嚴一萍	民國四十年四月	徵醫
研契枝譚	葉玉森	一九二四年七月・學衡三十期	枝譚
甲骨文字研究	郭鼎堂	民國廿五年上海大東書局	甲研
天壤閣甲骨文存考釋	唐蘭	民國廿八年北平輔仁大學	天壤文釋
殷墟文字丙編	張秉權	民國四十二年中研院史語所	丙
甲骨文編	孫海波	民國廿二年北平哈佛燕京學社	
續甲骨文編	金祥恒	民國四十八年台灣大學印	
殷虛文字甲編考釋	屈萬里	中研院史語所專刊	甲釋
甲骨學	朱芳圃	商務	

六、金文類：

書名	作者	出版	簡稱
考古圖	呂大臨	十卷，一〇九二年（自序），乾隆十七年（一七五二年）亦政堂刻本	考古
博古圖錄	王黼	卅卷，一一一〇年頃；寶古堂刻本	博古
歷代鐘鼎彝器款識法帖	薛尚功	廿卷，一一四四年；一七九七年（嘉慶二年）阮氏刻本	款識
嘯堂集古錄	王俅	一一七六年跋，涵芬樓景印「蕭山朱氏藏宋刋本	嘯堂
西清古鑑		四十卷，光緒十四年（一八八八年）邁宋書館銅版景印本	西清
寧壽鑑古		十六卷，一七八一年（成？）一九一三年刋本	寧壽
西清續鑑甲編	清高宗	廿卷，宣統二年（一九一〇）涵芬樓依寧宮寫本景印	續鑑甲編
西清續鑑乙編	清高宗	廿卷，一九三一年刋；景印本	續鑑乙編
積古齋鐘鼎彝器款識法帖	阮元	十卷，一八〇三年，阮元刻本	積古
清愛堂家藏鐘鼎彝器款識法帖	劉喜海	一八三八年；光緒三年（一八七七）尹彭壽摹本	清愛
懷米山房吉金圖	曹載奎	一八三九年，又「文石堂重刋曹氏吉金圖」，一八八二年和刻本	懷米
筠清館金文	吳榮光	五卷，一八四二年；宜都楊氏重刻本	筠清
清儀閣所藏古器物文	張廷濟	十卷，一八四八年（成），一九三五年刋；涵芬樓景印本	清儀
攈古錄金文	吳式芬	三卷，一八五〇年頃，一八九五年刋（同前）	攈古
從古堂款識學	徐同柏	十六卷，一八五四年，一八八六年刋；光緒卅二年（一九〇六）蒙學館石印本	從古
攀古樓彝器款識	潘祖蔭	二冊，一八七二年，滂喜齋刻本。	攀古
兩罍軒彝器圖釋	吳雲	一二卷，一八七二年（序），吳氏刻本	兩罍
古籀拾遺	孫詒讓	三卷，一八七二年（成），一八八八年刋，刻本	拾遺
恆軒所見所藏吉金錄	吳大澂	二冊，一八八五年，吳氏刻本	恆軒

綴遺齋彝器款識考釋	方濬益	卅卷，一八九四年（成），一九三五年商務印書館印本	綴遺
愙齋集古錄	吳大澂	廿六册，一八九六年（成），一九一八年，涵芬樓景印本	愙齋
奇觚室吉金文述	劉心源	廿卷，一九〇二年石印本	奇觚
古籀餘論	孫詒讓	三卷，一九〇三年（敘），一九二九年刊，刻本	餘論
移林館吉金圖釋	丁麟年	一九一〇年，丁氏石印重刊本	移林
籀高述林	孫詒讓	十卷，一九一六年	述林
韡華閣集古錄跋尾	柯昌濟	十五卷，一九一六年頃（成），一九三五年刊	韡華
夢郼草堂吉金圖	羅振玉	三卷，一九一七年（序）景印本	夢郼
殷文存	羅振玉	二卷，一九一七年（序），藝術叢編本	殷文存
簠齋吉金錄	陳介祺	八卷，一九一八年風雨樓景印本	簠齋
寶蘊樓彝器圖錄	容庚	一九二九年，景印行	寶蘊
故宮		四十五册，一九二九－一九四〇年	故宮
兩周金文辭大系考釋	郭沫若	一九三四增訂本，一九五六年北京科學出版社刊再修本	兩考
金文叢考	郭鼎堂	一九三二年原印本，一九五四年重刊本	金考
西周金文辭大系	郭鼎堂	一九三二年，文求堂印本	大系
𠫑氏編鐘圖釋	徐中舒	不分卷，一九三二年，原印本	原名
頌齋吉金圖錄	容庚	一九三三年，原印本	頌齋
雙劍誃吉金文選	于省吾	二卷，一九三三年，石印本	雙選
吉金文錄	吳闓生	四卷，一九三三年（跋），南宮邢氏刻本；又一九六三年重刊本	吉文
武英殿彝器圖錄	容庚	不分卷，一九三四年哈佛燕京學社印	武英

善齋吉金錄	劉體智	一九三四年原印本	善齋
貞松堂集古遺文續編	羅振玉	三卷，一九三四年原印本	貞松續
雙劍誃吉金圖錄	于省吾	二卷，一九三四年（序），原印本	雙劍
毛公鼎斠釋	張之綱	一九三五年永嘉張氏上海排印本	原名
十二家吉金圖錄	商承祚	一九三五年印本	十二
貞松堂吉金圖	羅振玉	三卷，一九三五年，墨緣堂印本	貞松
鄴中片羽初集	黄濬	二卷，一九三五年	鄴羽初
續殷文存	王辰	二卷，一九三五年	續殷
海外吉金圖錄	容庚	二卷，一九三五年，考古學社印行	海外
小校經閣金文拓本	劉體智	十八卷，一九三五年（序）初版	小校
金文厤朔疏証	吳其昌	一九三六年石印本	厤朔
尊古齋所見吉金圖初集	黄濬	四卷，一九三六年	尊古
三代吉金文存	羅振玉	二十卷，一九三六年（序）	三代
鄴中片羽二集	黄濬	一九三七年	鄴羽二
河南吉金圖志賸稿	孫海波	一九三九年	賸稿
痴盦藏金	李泰棻	一九四〇年	痴盦
金文研究	李旦丘	一九四一年，寺薰閣本	原名
商周彝器通考	容庚	二册，一九四一年	通考
鄴中片羽三集	黄濬	二卷，一九四二年	鄴羽三
巖窟吉金圖錄	梁上椿	二卷，一九四三年（序）	巖窟

冠斝樓吉金圖	梅原末治	三卷，一九四七年(序)	冠斝
金文零釋	周法高	一九五一年(序)，又一九七二年重刊本	零釋
金匱論古初集	陳仁濤	一九五二年	原名
積微居小學述林	楊樹達	七卷，一九五四年北京中國科學院出版，一九七一大通書局景印本	積微
中華文物集成		第一冊銅器，一九五四年	中華
商周金文錄遺	于省吾	一九五七年，明倫出版社	錄遺
黃縣㠱器	王獻唐	一九六〇年	原名
殷周文字釋叢	朱芳圃	一九六二年	釋叢
金文通釋	白川靜	白鶴美術館誌第1－五三輯，一九六二－八〇年	通釋
扶風齊家村青銅器群	陝西博物館	一九六三年	扶風
上海博物館藏青銅器	上海博物館	一九六四年照相本	上海
殷周青銅器求真	張克明	一九六五年	原名
金文選讀第一輯	李棪	一九六九年，香港龍門書局	原名
商周青銅器與銘文的綜合研究	張光直	一九七三年	綜合
三代吉金文存補	周法高	一九八〇年	三代補
金文詁林	周法高	香港中文大學	金詁
金文詁林附錄	李孝定	香港中文大學	金詁附錄
先秦彝銘著錄考辨	王永誠		先考
周金文釋例	王讚源	文史哲	原名
商周青銅器賞賜銘文研究	黃然偉	香港龍門	賞賜

期刊論文：

殷虛文字考　余永梁　國學論叢第一卷一號

殷虛文字續考　余永梁　國學論叢第一卷四號

中研院慶祝蔡元培先生六十五歲論文集　集刊外編第一種下冊

攈古錄釋文訂　沙孟海　中山第五冊

釋午　魏建功　輔仁學誌二卷一期

說𦍒　丁山　集刊第一本二分

釋𠥑　丁山　集刊第一本二分

釋蔡殺　胡吉宣　中山第三冊

耒耜考　徐中舒　集刊第二本一分

殷代人祭考　吳其昌　清華周刊文史專號第十七卷第九、十期

矢令彝　馬敘倫　國刊第四卷第一期

保卣釋文　郭沫若　考古學報一期

說文中之古文考　商承祚　金陵學報四卷二期．五卷二期．六卷二期

壽縣所出銅器考略　唐蘭　國刊第四卷一期

作冊令尊及作冊令彝銘考釋　唐蘭　國刊第四卷一期

釋冢　邵君樸　集刊第五本二分

讀金契刻識　馬敘倫　國刊五．一、一九三五年

金文嘏辭釋例　徐中舒　集刊六本一分

報卽祊祭之說　唐蘭　考古學報第六期

金文名象疏証兵器篇　吳其昌　武大文哲季刊五卷三期
釋四方之名　唐蘭　考古學報四期一九三六年
智君子鑑考　唐蘭　輔仁學誌七卷一、二期
圖象文字名讀例　張鳳　說文月刊第一卷二期
字源編纂的計劃　衛聚賢　說文月刊第一卷一九三九年
希殺祭古音同源考　沈兼士　輔仁學誌八卷二期
釋醜　王獻唐　說文月刊第四卷合刊本
蔑曆解　戴君仁　輔仁學報九卷二期
讀字肊記　蔣禮鴻　說文月刊第三卷第十二期
周公旦父子考　陳夢家　金陵學報第十卷一、二期合刊
釋古銘辭蔑曆為敍勳之專用辭　陳小松　中和月刊三卷十二期
司母戊大鼎　平廬　大陸雜誌第二卷第五期
安陽武官村出土方鼎銘文考釋　張鳳　中央日報文物周刊四期
西周金文所見職官考　斯維至　中國文化研究彙刊七卷一九四七年
國佐𦉜為齊人鑄以祀火正者說　陳小松　中央三二期
邲其卣三器銘文考釋　丁山　上海市立博物館研究室輯上海中央日報(民國三十五年十月十三日)三七、三八期
殷契新詮之一　魯實先　幼獅學報三卷一期
殷契新詮之二　魯實先　東海學報三卷一期
殷契新詮之三　魯實先　幼獅學報四卷一、二期

殷契新詮之四　魯實先　幼獅學誌一卷二期

殷契新詮之五　魯實先　幼獅學誌一卷三期

殷契新詮之六　魯實先　師範大學國文研究所講義

釋蔑曆　陳仁濤　金匱論古初集

男性生殖器石刻　陳仁濤　金匱論古初集

長甶盉銘文注解　李亞農　考古學報・九・一九五五年

西周銅器斷代(一)—(六)　陳夢家　考古學報一九五六年第九—十四期

釋蔑曆　趙光賢　歷史研究一九五六・二・十一期

毛公鼎集釋　高鴻縉　師大學報第一期

壽縣蔡侯墓銅器　陳夢家　考古學報十二一九五六年二期

夏代和殷代的奴隸制　束世澂　歷史研究一九五六年第一期

釋呂市　陳小松　考古學報一九五七年三期

禹鼎跋　郭沫若　光明日報學術第四十期

禹鼎考釋　陳進宜　光明日報學術第四十期

散盤集釋　高鴻縉　師大學報二期一九五七年又抽印本

者沪編鐘銘釋　饒宗頤　金匱論古綜合月刊第一期

保卣的時代與史實　黃盛璋　考古學報一九五七年第十七期

祭祀卜辭中的犧牲　張秉權　集刊第二八本

郿縣李家村銅器考　李學勤　文物參考資料一九五七年六期

郿縣周代銅器銘文初釋　周萼生　文物參考資料一九五七年第八期

史字的結構及史官的原始職務　勞榦　大陸雜誌十四卷三期
在甲骨金文中所見的一種已經遺失的中國古代文字　唐蘭　考古學報一九五七年二期
召禹鼎考釋　張筱衡　人文雜誌一九五八年第一期
者沪鐘銘考釋　郭沫若　考古學報一九五八年第一期
卜辭姓氏通釋之一　魯實先　民國四十七年東海學報一卷一期
金考小臣謎考釋　郭沫若　考古學報一九五八・二
有關信陽楚墓銅器的幾個問題　顧鐵符　文參一九五八年第一期
從漢語拼音文字聯系到周金銘的熟語　岑仲勉　兩周文史論叢
說帥　龍宇純　集刊三十本下册
頌器考釋　高鴻縉　師大學報第四期
禹鼎釋文斠　陸世輝　人文雜誌一九五九年第二期
卜辭姓氏通釋之三　魯實先　民國四十八年東海學報二卷一期
禹鼎的年代及其相關問題　徐中舒　考古學報廿五・一九五九年三期
笄形八類及其文飾之演變　李濟　集刊三十本上册
梁其壺　董作賓　中國文字第一册
岳義稽古　屈萬里　清華學報二卷一期
陝西藍田縣出土弭權等彝器簡介　段紹嘉　文物一九六〇年二期
釋竝　嚴一萍　中國文字第四册
釋文　嚴一萍　中國文字第九册

釋文　嚴一萍　中國文字第九册
釋后　金祥恒　中國文字第十册
蔑曆古義　嚴一萍　中國文字第十册
釋來麥釐　張哲　中國文字第七册
釋又吕㞢吕　金祥恆　中國文字第七册
西周銅器斷代中的康宮問題　唐蘭　考古學報一九六二年第一期
釋御　許進雄　中國文字第十二册
保卣銘略釋　平心　中華文化論叢四輯
西周墅鼎銘研究　譚戒甫　考古學報一九六三年第十二期
者沪鐘銘考釋讀後記　平心　中華三輯
𠦪　加藤常賢　中國文字第十三册
釋鼎　田倩君　中國文字第十一册
保卣銘考釋　蔣大沂　中華文化論叢五輯
金文叢考三則　陳邦懷　文物一九六四年二期
跋秦權量銘　戴君仁　中國文字第十四期
釋夏釋桀釋己　戴君仁　中國文字第十三册
岐山出土康季鼒銘讀記　王獻唐　考古學報一九六四年第九期
論西周金文中「六𠂤」「八𠂤」和鄉遂制度的關係　楊寬　考古學報一九六四年第八期
略論西周金文中的「六𠂤」和「八𠂤」及其屯田制　于省吾　考古學報一九六

四年第三期

再論西周金文中的「六𠂤」「八𠂤」的性質　楊寬　考古學報一九六五十期

釋⿰⿱口大⿱口大　金祥恆　中國文字第十五册

釋品⿰卩⿱口⿰三吅　嚴一萍　中國文字第十五册

史字新釋　陳夢家　考古社刊第五期

釋夷　田倩君　中國文字第二十册

釋教　金祥恆　中國文字第廿一册

釋龠　金祥恆　中國文字第廿一册

讀金文札記五則　于省吾　考古學報一九六六．二期

巳己文字與彝器畫紋考釋　張與仁　中國文字第十九册

殷代大墓的木室及其涵義之推測　高去尋　集刊第三十九本下

鳥書考　容庚　燕京學報第十六期

鳥書三考　容庚　燕京學報第二十三期

古文字試釋　勞榦　集刊第四十本上

楚繒書疏證　饒宗頤　集刊四十本上

妥字說　杜其容　聯合書院學報第八期

西周兵制的探討　葉達雄　台大歷史學報第六期

先秦泉幣文字辨疑　張光裕　中國文字第三十册

廢銅堆中近年發現殷周彝銘集錄　李棪　聯合書院學報第八期

釋沪　嚴一萍　中國文字第四十册

越鐘吳鐘校讀　李棪　香港聯合書院學報一九七一年第九期
毛公鼎銘文通釋　余化龍　遠東工專叢書之二
克鎛簡介　陳邦懷　文物一九七二年六期
安陽出土的牛胛骨及其刻辭　郭沫若　考古學報一九二七年二期
戰國文字研究六種　朱德熙、裘錫圭等　考古學報一九七二年一期
弓形器（銅之柲）用途考　唐蘭　考古學報一九七三年第三期
燕王職戈考釋　張震澤　考古學報一九七三年第四期
從河南鄭州出土的商代青銅器談起　唐蘭　文物一九七三年第三期
遼寧喀左縣北洞村出土的殷周青銅器　北洞文物發掘小組　考古學報一九七四年第六期
說劍　金祥恆　中國文字卅二冊
說縺線　王獻唐　中國文字卅四冊
弜弗通用考　張宗勤　燕京學報二十八卷
先秦楚文字研究　許學仁　李所集刊廿四號上冊
夏文化初論　吳汝祚　中國史研究一九七九年第二期
近六十年來中國史前史的研究　宋晞　史學彙刊第四期
春秋晚期齊莊公時庚壺考　張光遠　故宮季刊第十六卷第三期
釋干支　陳書農　學原第二卷第四期
大東小東說　傅孟真　集冊四
安陽殷代皇室墓地　高去尋　台大考古人類學刊第十二、十三期合刊

中國文字演變史之一例　董作賓　新亞學報第二卷第二期
亞形銘文之意義推測　丁驌　史繹第十期
召方考　白川靜　白鶴八集
蔑曆解　白川靜　甲骨金文學論叢十集
作册考　白川靜　中國文字第四十册